십계명

Stanley Hauerwas · William Willimon

The Truth about God

십계명

스탠리 하우어워스·윌리엄 윌리몬 지음 | 강봉재 옮김

복 있는 사람

십계명

2007년 10월 24일 초판 1쇄 발행
2024년 5월 30일 초판 5쇄 발행

지은이 스탠리 하우어워스·윌리엄 윌리몬
옮긴이 강봉재
펴낸이 박종현

(주) 복 있는 사람
서울특별시 마포구 연남동 246-21(성미산로 23길 26-6)
Tel 723-7183(편집), 723-7734(영업·마케팅) | Fax 723-7184
hismessage@naver.com
등록 1998년 1월 19일 제1-2280호

ISBN 979-11-7083-129-7 03230

The Truth about God
by Stanley Hauerwas, William Willimon

Originally published in the U.S.A. under the title
The Truth about God by Stanley Hauerwas, William Willimon
Copyright ⓒ 1999 by Abingdon Press
Neshville, Tennessee USA
All rights reserved.
Translated and used by the permission of Abingdon Press
through the arrangement of KCBS Literary Agency, Seoul, Korea.
Korean Copyright ⓒ 2007 by The Blessed People Publishing Inc., Seoul, Korea.

이 책의 한국어판 저작권은 KCBS Literary Agency를 통해 Abingdon Press사와 독점 계약한 (주) 복 있는 사람이 소유합니다. 저작권법에 의하여 한국 내에서 보호를 받는 저작물이므로 무단전재와 복제를 금합니다.

사라 프리드먼과

재클린 앤드루스에게

이스라엘아 들으라. 우리 하나님 여호와는 오직 유일한 여호와시니
너는 마음을 다하고 뜻을 다하고 힘을 다하여 네 하나님 여호와를 사랑하라.
오늘날 내가 네게 명하는 이 말씀을 너는 마음에 새기고
네 자녀에게 부지런히 가르치며 집에 앉았을 때에든지 길에 행할 때에든지
누웠을 때에든지 일어날 때에든지 이 말씀을 강론할 것이며
너는 또 그것을 네 손목에 매어 기호를 삼으며 네 미간에 붙여 표를 삼고
또 네 집 문설주와 바깥문에 기록할지니라.

후일에 네 아들이 네게 묻기를
우리 하나님 여호와의 명하신 증거와 말씀과 규례와 법도가 무슨 뜻이뇨 하거든
너는 네 아들에게 이르기를 우리가 옛적에 애굽에서 바로의 종이 되었더니
여호와께서 권능의 손으로 우리를 애굽에서 인도하여 내셨나니
곧 여호와께서 우리의 목전에서 크고 두려운 이적과 기사를
애굽과 바로와 그 온 집에 베푸시고
우리 열조에게 맹세하신 땅으로 우리에게 주어 들어가게 하시려고
우리를 거기서 인도하여 내시고
여호와께서 우리에게 이 모든 규례를 지키라 명하셨으니
이는 우리로 우리 하나님 여호와를 경외하여 항상 복을 누리게 하기 위하심이며
또 여호와께서 우리로 오늘날과 같이 생활하게 하려 하심이라.

_ 신명기 6:4-9, 20-24

차례

서문 11
들어가는 글_ 참되신 하나님의 소유된 백성 13
1. 제1계명_ 너는 나 외에는 다른 신들을 네게 두지 말라
  너는 너를 위하여 새긴 우상을 만들지 말라 29
2. 제2계명_ 너는 네 하나님 여호와의 이름을 망령되게 부르지 말라 53
3. 제3계명_ 안식일을 기억하여 거룩하게 지키라 75
4. 제4계명_ 네 부모를 공경하라 95

5. 제5계명_ 살인하지 말라 115
6. 제6계명_ 간음하지 말라 137
7. 제7계명_ 도둑질하지 말라 155
8. 제8계명_ 네 이웃에 대하여 거짓 증거하지 말라 175
9. 제9계명·제10계명_ 네 이웃의 집을 탐내지 말라 195

참고문헌 215
주 217

서문

「주여, 기도를 가르쳐 주소서」를 읽은 독자들이 십계명을 다룬 본서를 읽게 되길 소망한다. 우리는 주기도를 다룬 앞의 책에서 우리의 최대 관심사를 예증했다. 우리는, 가장 기본적인 기독교적 실천들이 그리스도 안에서 이루어진 구원을 어떻게 우리에게 제시할 수 있으며 또 제시하고 있는지를 발견하고자 했던 것이다.

이 책에서 우리는, 하나님께서 그리스도의 십자가와 부활을 통해 우리를 그분의 소유로 삼으셨다는 우리의 고백이, 서로 참되게 말하는 법을 터득한 자들의 그 실천에서 비롯된 "믿음"과 동떨어져서는 안되는지를 설명하려고 한다. 우리는 이 참되게 말하는 것이야말로 천국 백성이면서 이 땅에 잠시 머물 뿐인 나그네 된 거류민(resident alien)으로서 살아가는 데 필요한 기술이라고 믿는다.

우리가 삶을 지속할 수 있는 것은 우리를 지금보다 더 나은 사람으로 만들어 주는 사람들 덕분이다. 진실에 귀를 기울이려고 하지 않을 때조차도 우리에게 그 진리를 일깨워 주는 배우자가 곁에 있음은 특별한 축복이 아닐 수 없다. 패시와 폴라를 주신 하나님께 감사드린다. 알렉스 사이더와 제이슨 바이아는 원고를 읽고 잘못된 부분을 많이 지적해 주었다. 사라 프리드먼과 재키 앤드류스는 초고와 수정원고를 타이핑하는 수고를 해주었을 뿐 아니라 말 그대로 이 책이 나오는데 산파역을 했다. 따라서 이 책을 그들에게 헌정하는 것은 우리에게 더없는 기쁨이다.

들어가는 글

> 십계명을 온전히 아는 사람은 성경 전체를 아는 것이다.
> _ 마르틴 루터, 대요리문답

참되신 하나님의 소유된 백성

이것은 루터(Martin Luther) 자신이 생각하더라도 분명 굉장한 주장이다. 하지만 그의 주장은 사실이다. 모든 것이 "안다"라는 단어의 의미를 어떻게 이해하느냐에 달려 있다. 십계명에 대해 알고 싶어하는 당신이 이 책을 덮을 무렵, 십계명을 안다는 것은 교회가 이야기하는 일련의 실천 항목들, 곧 성부와 성자와 성령을 믿는다는 고백만큼이나 중요한 실천 항목들을 평생 실천으로 옮길 것을 요구하고 있다는 점을 확신하게 되길 바란다. 그러한 신앙고백이 도둑질하지 않는 것과 어떤 연관이 있는지를 깨닫는 것이 십계명을 "온전히" 안다는 의미가 될 것이다.

나아가 십계명을 회복하는 일은 현대의 온갖 도전에 직면해 있는, 그리스도인이라 불리는 백성들의 삶에 더없이 중요하다. 우리가 부딪치는 괴이한 도전들 가운데 하나는 십계명을 잘 알고 있다고 생각하는 이들의 도전이다.

앨라배마 주의 한 판사가 자신의 법정에서 집행되는 법이 하나님의 법에 기초하고 있음을 내비칠 요량으로 법정의 벽에 십계명을 부착하려다 반대에 부딪쳤다. 하지만 그런 식의 십계명은 그리스도인들이 성부와 성자와 성령으로 예배하는 하나님의 십계명과는 무관하다.

어떤 이들은 미국이 보편타당한 행위 규범인 기본 도덕, 곧 선의를 지닌 사람이라면 누구나 동의할 수 있는 절대적인 것으로 돌아가도록 촉구하는 방편으로서 십계명을 옹호한다. 십계명은 천지를 창조하신 유일하신 참 하나님이 주신 것이기에 "보편성"을 지니기는 하지만, 많은 사람들이 생각하는 그런 의미에서 보편적이지는 않다.

도덕적으로 혼란스러운 세상에 살다보니 법정에 십계명을 내걸려는 노력은 충분히 이해가지만, 그런 행동은 오히려 십계명을 그릇되게 사용하는 것이다. 몇 년 전, 방송인 테드 코펠은 듀크대학 졸업식에서 인상적인 축사를 했다. 그는 현재 미국에서 벌어지고 있는 도덕적 붕괴의 징후들을 일일이 열거한 뒤 이런 질문을 던졌다. "이 모든 문제의 해결책은 무엇입니까?" 그런 다음 그는 십계명을 조목조목 언급하면서, 미국인들이 이 윤리적 지침들을 준수하기만 하면 도덕적 문제가 사라질 것이라고 주장했다.

십계명이 시대를 초월해 모든 미국인들에게 적용될 수 있는 도덕 원리임을 시사한 코펠의 주장에는 의견을 달리 하지만, 십계명을 준수하면 미국이 지금보다 더 살기 좋은 나라가 될 것이라는 주장에는 동의한다. 나중에 살펴보겠지만, 우리가 십계명에서 가장 먼저 발견해야 할 것은 인간이 의로워질 수도 있다는 가능성이 아니라, 우리가 여전히 죄인이라는 사실이다.

참되신 하나님을 예배하지 않고서는 계명들, 곧 십계명을 제대로 파악할 수 없다. 참되신 하나님을 예배하지 않는 사람은, 십계명이 진리를 말하고 있다 하더라도, 참되신 하나님을 어렴풋이 볼 수 있을 뿐이며, 예배와 무관하게 계명을 지키는 것은 십계명을 "온전히" 아는 것이 아니다. 십계명은 원래 아브라함과 이삭과 야곱의 하나님, 예수 그리스도의 하나님의 백성들을 위한 것이다. 십계명은 우리 그리스도인들이 참되신 하나님을 진정으로 예배하는 법을 배우는 방식이지 민주주의적 다원주의를 작동시키는 방식이 아니다.

당시의 상황을 돌이켜 보자. 이스라엘은 애굽에서 종노릇하고 있었고, 살인자 모세는 미디안 광야에서 근근히 살고 있을 때, 돌연 모세 앞에 있는 떨기나무에 불이 붙으면서 그를 부르는 소리가 들린다.

> 내가 애굽에 있는 내 백성의 고통을 분명히 보고 그들이 그들의 감독자로 말미암아 부르짖음을 듣고 그 근심을 알고 내가 내려가서 그들을 애굽인의 손에서 건져내고 그들을 그 땅에서 인도하여 아름답고 광대한 땅〔으로〕…… 데려가려 하노라(출 3:7-8).

여기서의 하나님은 이신론(理神論)이 말하는 "부동의 동자"(Unmoved Mover)가 아니다. 여기서의 하나님은 듣고, 개입하고, 행동하며, 보살피고, 부르시는 하나님이시다. 하나님은 모세에게 "내가 내 백성을 애굽에서 건져낼 터인데, 누가 나를 도울꼬?"라고 그의 의중을 물어 보신다. 모세는 바로에게 가서, 이 땅에서 가장 힘이 센 그 절대 권력자에게 히브리인들을 풀어주라고 말하라는 명령을 받는다. 하나님은 왜 그런 명령을 하셨을까? 하나님이 노예제도에 반대하시기 때문에? 그렇지 않다. 그것은 이스라엘 백성을 노예생활에서 해방하여 광야로 보내신 후 자신을 예배하도록 하시기 위함이었다(출 3:18).

"마음이 강퍅한" 바로는 순순히 응하지 않는다. 일이 이렇게 되자, 타협과 대결, 개구리 재앙, 역병, 이(gnats) 재앙, 뒤이어 엄청난 죽음이 따른다. 마침내 바로의 마음이 무너진다. "너희는 가서 너희의 하나님 여호와를 섬겨라. 내 백성에게서 떠나가거라"(출 12:31-32). 이스라엘은 서둘러 광야를 향해 떠난다. 드디어 해방, 이제 자유의 몸이 된 것이다!

그러나 잠깐! 이스라엘 백성이 애굽의 종살이에서 해방된 것은 광야에서 예배하기 위해서였다. 하지만 참되신 하나님을 예배한 지 오랜 시간이 흐르면서, 이스라엘 백성들은 어떻게 예배해야 하는지 잊어버렸다. 이스라엘 하나님을 고교회파 방식으로 예배해야 하나, 저교회파 방식으로 예배해야 하나? 분향단에 향을 피워야 하나? 예복은 어떻게 하나? 모세는 하나님의 부르심을 받아 시내 산 정상으로 올라간다(출 19:20). 하나님은 모세에게 당신이 이스라엘을 위하여 행하신 일을 되새겨 주시고 당신이 누구신지 일러주시며, 말문을 여신다.

> 나는 너를 애굽 땅, 종살이하던 집에서 인도하여 낸 네 하나님 여호와니라. 너는 나 외에는 다른 신들을 네게 두지 말라(출 20:2-3).

> 너는 이같이 야곱의 집에 말하고 이스라엘 자손들에게 말하라. 내가 애굽 사람에게 어떻게 행하였음과 내가 어떻게 독수리 날개로 너희를 업어 내게로 인도하였음을 너희가 보았느니라. 너희가 내 말을 잘 듣고 내 언약을 지키면 너희는 모든 민족 중에서 내 소유가 되겠고 너희가 내게 대하여 제사장 나라가 되며 거룩한 백성이 되리라 (출 19:3-6).

하나님은 이스라엘 백성들을 매우 단호하게 일깨우신다. "나는 비싼 값을 치렀다. 너희를 노예생활에서 해방한 것은 단순히 모든 족쇄에서 풀어주기 위해서가 아니라 너희가 나의 백성임을 보다 공고히 하고 나를 예배하도록 하기 위함이었다."

그들은 어떻게 예배해야 하는가? 이제 하나님은 계명을 일일이 열거하신다. "우상을 두지 말라." "도둑질하지 말라." "네 이웃의 아내를 탐하지 말라." 모세는 분명 이전에 드렸던 예배와는 전혀 다르다고 생각했으리라.

충격이었을 것이다. 다른 신들과 비교하면 이 하나님은 예배관이 독특한 분이셨다. 이방신들은 전쟁에 가담하거나 성에 탐닉하거나 재물 쌓기에 여념이 없는데, 이 하나님이 원하시는 것은 거룩한 백성이요, 모든 사람이 제사장인 한 가정이다.

여기서 중요한 단어는 "그러므로"다(영어 성경에는 '그러므로'를 뜻하는 'therefore'가 5절에 있지만 우리말 성경에는 생략되어 있다—편집자). 어떤 백성이 하나님께 구원받았다. 그러므로 이 백성은 제사장 나라가 되어야 한다. 출애굽기가 이스라엘이 "거룩한 나라"가 될 것이라고 묘사할 때 그것은 이스라엘이 구별된 백성, 곧 우리 두 사람이 다른 책에서 일컬은 "나그네 된 거류민"임을 의미한다.[1] 출애굽기가 "제사장 나라"라고 묘사할 때 그것은 이스라엘이 전 세계를 위해 존재한다는 뜻이다. 말하자면 이스라엘이 중재자로 나서 자신을 희생하며 조정자 역할을 하며 나아가 계명들을 준수할 때, 하나님을 알지도 못하고 섬기지도 않는 여러 민족들이 "이스라엘은 정말 위대한 백성이요, 지혜롭고 슬기로운 민족"(신 4:6)이라고 탄복하게 된다는 의미다.

때문에 복음전도는, 우리가 드리는 예배에 의해 우리도 모르는 사이에 진실한 사람으로 변모하는 사람들이 기쁜 마음으로 참되신 하나님께 순종하고 예배드리는 것에서 시작한다. 십계명은 모든 사람을 위해 제정되었지만, 십계명이 이스라엘 백성들 속에서 구체적으로 실천되는 것을 목격할 때 우리는 십계명을 진정으로 발견하게 된다. 더욱이 그 모든 계명들이 왜 함께 있어야 하는지, 어떤 계명도 따로 존재할 수 없는지를 알기 위해서, 이스라엘 같은 백성이 필요한 것이다.

이는 우리 같은 이방인도 이스라엘의 하나님과 예수의 이름으로 온 세상의 제사장이 되어야 할 그 소명을 부여받았다고 주장하는 베드로전서의 말씀과 일맥상통한다.

> 그러나 너희는 택하신 족속이이요 왕 같은 제자장들이요 거룩한 나라요 그의 소유가 된 백성이니, 이는 너희를 어두운 데서 불러내어 그의 기이한 빛에 들어가게 하신 이의 아름다운 덕을 선포하게 하려 하심이라(벧전 2:9).

우리는 구원의 하나님이 부여하신 이러한 소명에 비추어 십계명을 해석하고 그 계명들을 살아내야 한다. 그리스도인은 하나님이 택하시고, 부르시며, 그 소유권을 주장하시고, 그의 백성으로 살아감으로써, 말과 행실로 하나님이 행하신 일을 선포한다. 그러니까 우리가 참되신 하나님을 예배할 때 우리는 하나님이 어떤 사람을 만들어 내시는지를 세상에 드러내는 것이다. 우리의 보잘 것 없는 삶이 세상을 향한 하나님의 위대한 계획 안에 감추어져 있는 것이다. 우리는 하나님의 위대하신 목적을 위해 부름받는다. 거짓말과 속임수와 허위를 당연하게 여겼던 우리가 하나님께 순종함으로써 진리의 백성으로 거듭난다.

십계명이 그렇게 중요하다면 어째서 하나님이 출애굽 이후 한참 후에야 이스라엘 백성에게 그것을 주셨느냐는 질문에 랍비 이샤마엘은 이렇게 답했다. "가령, 어떤 사람이 한 도시에 와서 '내가 너희들을 다스리겠다'고 말했다 가정하자. 그곳 시민들은 '당신은 누구인지, 우리를 위해 어떤 일을 했는지 밝히시오'라고 할 것이다. 이 사람은 어떤 일을 했는가? 그는 성벽을 쌓았고, 수로를 건설했으며, 전투에서 앞장섰다. 이제 그가, '내가 너희들을 다스리겠다'라고 선언하자 그들은 기쁜 마음으로 '그렇게 하십시오!'라고 답했다."

마찬가지로, 하나님은 이스라엘을 애굽에서 구하셨고, 홍해를 가르셨으며, 먹을 것을 주시고 나서 "내가 너희들을 다스리겠다"라고 선언하시자 이스라엘 백성은 "예, 그렇게 하십시오"라고 말했다.[2]

종이었던 우리는 이제 자유의 몸이 되었다. 그렇다고 해서 우리가 온갖 구속에서 벗어나 거리낌 없이 "우리 마음대로 할" 수 있다는 의미는 아니다. 유대인들이 드리는 기도 가운데 이런 기도가 있다.

"하나님은 율법(Torah)의 종이 되도록 우리를 바로의 종살이에서 해방하셨습니다."

십계명은 인류 전체에 주어진 지침이 아니다. 십계명은 자신이 누구이며, 자신이 누구의 소유인지를 아는 사람들이 "현세의 문화에 대항하며 살아가게 만드는 삶의 방식"(counter-cultural way of life)이다. 십계명은 미국 문화가 원활히 돌아가도록 하는 것이 아니라 이 세상이 자기 생각대로 살도록 하나님이 내버려두시지 않았음을 우리의 일상에서 나타내고(a sign), 알리며(a signal), 증언하는(witness) 사람들을 만들어 내는 역할을 한다. 하나님이 우리를 구원하시고 구속하셨기에 우리는 십계명을 갖게 된 것이다. 하나님이 우리에게 십계명을 주셨기에 우리는 구원받고 구속받은 것이다. 이 "열 개의 말씀들"이 이스라엘과 교회를 형성하고 우리의 일상적 삶을 점검한다. 따라서 십계명에 관한 이 책은 우리가 어떤 존재인지를 자상하게 일깨우는 동시에 우리가 마땅히 되어야 할 사람으로 변화하도록 귀찮게 채근할 것이다.

그렇다면, 이 말은 도덕적 인간이 되려면 반드시 하나님을 믿어야 한다는 뜻인가? 이 질문은 "도덕적"이라는 단어가 무엇을 의미하는지, "하나님"이 어떤 분이신지를 우리가 이미 알고 있음을 암시한다. 그리스도인이란 종교적인 그 무엇을 "믿는" 사람이 아니라 공동체적 삶을 살아 내라는 부름을 받은 사람이다. 따라서 하나님이 계시지 않는다면 우리가 살아가는 방식은 무의미해진다. "믿음"이란 유리처럼 깨지기 쉽다. 그리스도인들이 전심으로 믿는다는 것은 그들이 일련의 종교적 상투어(platitude)에 동의한다는 뜻이 아니다. 하나님이 과연 세상을 다스리시며, 하나님의 방식이 이 세상에서 승리할 것임을 날마다 확신하면서 목숨을 건다는 뜻이다. 그렇기에 루터는 십계명을 "아는" 것은 곧 성경 전체를 아는 것이라고 말할 수 있었던 것이다.

도덕과 하나님

바라건대, 당신이 이 책을 덮을 무렵, "도덕"과 "하나님"에 대한 그리스도인들의 생각이 불신자들과는 하늘과 땅만큼이나 다르다는 사실을 깨달았으면 한다. 하나님을 모르는 사람들도 "도덕적" 존재가 될 수 있다. 우리 친구 중에 지금까지 물건을 훔치거나 남을 속이거나 사람을 죽인 일이 단 한번도 없는, 그야말로 조금도 흠 잡을 데 없는 불신자가 있다. 그리스도인들은 그 친구의 훌륭한 성품이 "도덕"이라는 어떤 추상적 개념에서 비롯된 것이 아니라, 그 역시 선하신 하나님의 피조물, 곧 창조주 하나님을 섬기고 예배하도록 지음받은 존재이기 때문이라는 사실을 알아야 한다. 따라서 어떤 의미에서 십계명은 우리가 어떤 존재가 되도록 지음받았는지를 보여주는 일종의 "자연법"인 셈이다. 하지만 우리는 거듭난 증인들, 곧 십계명 전체를 삶으로 살아내는 사람들을 통해서 그 법을 발견할 수 있을 뿐이다. 우리 친구가 생각하는 "거짓말하다"는 의미가 우리가 생각하는 의미와 다를 수 있는 것은 그 때문이다. 그렇더라도 우리는 최소한 대화할 수 있는 접촉점은 갖고 있다.

    도덕에 관해 이야기할 때 그리스도인들이 무엇보다 교회에 대한 이야기로, 하나님을 예배한다는 의미가 무엇인지에 대한 이야기로 말문을 연다는 것은 굉장히 독특한 것이다. 공동체가 배제된 하나님의 명령은 과장되거나 실천 불가능하거나 이상(理想)이거나 기이한 것으로 비추어질 뿐이다. 그러나 용서받은 사람들, 늘 함께 모여 하나님을 예배하는 사람들의 공동체인 교회가 있기 때문에 우리는 십계명을 이해할 수 있다. 솔직히, 십계명 위에 이런 경고문을 부착해도 되지 않을까. "이 계명 중 어느 것 하나만을 지킬 생각은 꿈에도 하지 마시오."

십계명은—참된 공동체(교회) 세우기는—그리스도인만의 독특한 정치 활동이다. 물론, 이 계명이 곧 하나님이 모든 창조물에게 원하시는 삶의 방식이기에, 우리는 계명을 지키는 삶이 복음적이라고 믿는다. 누구에게나 가능한 삶을 예증할 수 있다는 것은 우리 그리스도인들의 특권이며, 우리가 계명들을 삶으로 살아 내는 것을 목격한 이웃이 그런 삶을 가능케 하신 그리스도에게 매료된다면 이는 더없이 귀한 일이 될 것이다.

그러나 십계명은 우리에 관한 이야기이기 이전에 하나님에 관한 이야기다. 인간은 말을 통해 서로를 알게 된다. 그 말은 무언(無言)인 때도 있다. 우리가 참되고 살아계신 하나님을 아는 것은 하나님께서 그저 멀리 떨어져 계신 채 침묵하고 계시지 않았기 때문이다. 하나님은 시내 산 구름 속에 몸을 숨기신 채, 침묵하실 수도 있었다. 그러나 참되신 하나님은 모세를 부르셔서 당신이 기뻐하시는 것들을 받아 적게 하셨다. 쉬지 않고 당신을 계시하시고 말씀하시는 하나님이 "열 가지 말씀"을 우리에게 들려주셨기에, 비로소 우리는 하나님을 알 수 있게 되었다. 말씀들 앞에, 각각의 말씀 이면에 하나님이 계신다. 이 하나님은 애굽의 바로나 미 국방부 같은 맞수를 참지 못하시며, 우리로 하여금 광야 같은 황량한 곳에서 정처 없이 방황하지 않게 하신다. 그분은 은혜로 우리에게 율법을 주셔서 "항상 복을 누리게 하시며, 또 우리를 오늘과 같이 살게 하시는"(신 6:24) 하나님이시다. 우리에게 계명들을 주시는 하나님은 또한 우리에게 예수님도 주시는 하나님이시다.

나아가 십계명은 우리와 하나님 사이의 이러한 관계가 소중한 것임을 보여준다. 하나님은 우리를 간절히 원하시며 타락한 창조 세계를 회복하는 일에 인간의 협력을 요구하신다. 세상 구원은 모름지기 우리의 순종 여부에—우리가 어떻게 성(性)을 사용하고 재물을 다루며 언어를 사용하느냐에—달려 있다. 우리가 공동체, 국가, 민족이라는 복수로 무리 안에 포함해 불리기는 하지만 각 계명은 너라는 2인칭 단수로 정체성을 제시한다. 이는 우리 각자가 그 계명을 지켜야 한다는 뜻이다. 하나님은 성직자만을 통해 우리에게 말하시는 분이 아니다. 하나님은 지금 우리가 사는 곳에서, 재물과 성과 언어가 실재하는 곳에서, 우리가 이해할 수 있는 분명하고 솔직한 말로 각자에게 말을 걸어오신다. 아내와 남편이 서로 사랑하듯 하나님은 우리를 사랑하신다. 그 하나님은 자신 이외의 것을 사랑하는 것을 질투하신다. 우리와 하나님의 관계는 추상적인 것도 아니요, 현실과는 동떨어진 어떤 원리나 이념 같은 것도 아니다. 그것은 사랑의 하나님과 그분의 사랑을 분에 넘치도록 받아 어떻게, 언제, 그리고 어디서 그 사랑에 보답해야 하는지를 아는 사람들의 관계다. 우리의 유대인 친구 중 하나는 "당신의 그릇과 냄비와 성(性)을 가지고 무엇을 해야 할지 일러 주지 않는 하나님이라면 예배할 가치가 없다"고 말한 적이 있다. 우리에게 계명들을 주신 하나님은 동정녀의 몸에서 나신 구세주도 기꺼이 주시는 하나님이시다.

감사하게도, 십계명은 하나님이 이 세상에서 처리해야 할 일들을 모두 처리하지 않으시고, 순종하며 신실한 백성인 우리에게 상당 부분 맡기셨다는 확증이다. 창조주이시고 신실하시며 의로우신 하나님이 이제 우리에게도 똑같은 일을 행할 수 있는 방편들을 주신다. 하나님이 일을 처리하실 때 우리를 사용하심은 그분의 은혜다. 하나님은 죽음에서 생명을, 혼돈에서 질서를 창조하시고, 어둠에 빛을 비추기 위해 우리를 사용하신다. 우리가 그분에게 순종할 때마다 우리의 순종은 예배라 불린다. 우리가 월요일부터 금요일까지 일하는 직장은 제단이 되며, 우리는 세상의 제사장이 된다. 예수님이 자신의 백성들에게 말씀하셨듯이, "너희가 나를 택한 것이 아니요 내가 너희를 택하여 세웠나니 이는 너희로 가서 열매를 맺게 하려는 것이다" (요 15:16).

십계명은 애굽의 종살이에서 해방되어 광야로 들어선 직후, 구속받은 이스라엘 백성들에게 주어진 선물이었다. 하지만 그들에게 이러한 계명들이 주어졌다는 사실은 그들의 구속이 현재진행형인 동시에 미래완료형이라는 표시이기도 했다. 출애굽은 순종하고 신실한 자들 가운데서 지금도 계속 일어난다. 하나님은 십계명 속에서 끊임없이 우리에게 오시고, 우리 역시 그 계명 속에서 끊임없이 하나님께 나아간다. 십계명은 간결하고 명료하되, 상세하지는 않다. 이는 그 계명들의 적용에 관해 우리가 숙고하고 논의해야 하며, 신실함의 의미를 계속 곱씹어야 하며, 본서와 같은 책이 또 나와야 한다는 의미다!

십계명은 진부하다는 인상을 준다. 간음하지 말라는 말에는 대다수가 공감한다(표현 그대로 거의가 공감한다). 하지만 일정 기간마다 배우자를 바꾸는 세태에서 우리 그리스도인들은 "간음"의 의미를 어떻게 규정해야 하는가? 우리는 그런 행위를 "간음"으로 쉽게 규정하지 못하지만 예수님은 그렇게 하셨다(마 19:1-12).

도둑질하지 말라는 계명을 우리는 당연하다고 생각한다. 하지만 우리가 그 계명에 동의하려면 "자기 소유"가 무엇이냐는 개념부터 먼저 정리해야 한다. 자본주의는 도둑질의 한 형태라는 마르크스주의자들의 주장이 "자기 소유"에 대한 성경의 관점과 유사할지도 모른다. 이스라엘에서, 밭에 떨어진 이삭을 가난한 사람들에게 나누어 주지 않는다면 그것은 일종의 절도였다. 그렇기에 예수님은 "너희는 그렇다는 말을 들었으나, 나는……"이라고 늘 말씀하셨다.

따라서 루터가 십계명을 아는 것은 성경 전체를 아는 것이라고 말했던 바대로 "계명들을 안다는 것"은 이 계명들을 자기중심적으로 해석하지 않는다는 것을 의미한다. 이 계명들은 영과 진리 안에서 삼위일체 하나님께 예배드릴 때 형성되는 공동체(교회)의 실천에 달려 있다. 결혼이 무엇인지를 보여주는 교회를 떠나서 우리는 간음을 이해할 수 없다. "자기 소유"에 대한 개념을 재정립해 주는 교회를 떠나서는 십계명이 왜 도둑질을 비난하는지 알 수 없다. 따라서 십계명을 올바르게 지키고 알게 되는 것은 교회에서 예배드릴 때, 계명이 아니라 "나는 너희를 애굽 땅, 종살이하던 집에서 인도하여 낸 너희 하나님 여호와로다"라고 말씀하시는 하나님께 먼저 초점을 맞출 때 시작된다.

> 하늘과 땅의 모든 권세를 내게 주셨으니 그러므로 너희는 가서 모든 족속으로 제자를 삼아 아버지와 아들과 성령의 이름으로 세례를 베풀고 내가 너희에게 분부한 모든 것을 가르쳐 지키게 하라. 볼지어다. 내가 세상 끝날까지 너희와 항상 함께 있으리라(마 28:18-20).

그러므로 십계명은 갈피를 잡을 수 없는 혼란한 세상에서 우리의 생명의 도(道)가 된다. 법정에 십계명을 내거는 행위는 이 계명들이 예배와는 무관한 것이 될 수 있음을 암시한다. 이것은 제3계명을 명백하게 위반하는 것이다. 그 결과 계명들은 기껏해야 불완전한 "자연법"으로 전락하거나, 심지어 십계명의 두 번째 판(제5계명부터 제10계명이 있는)의 계명들이 첫 번째 판(제1계명부터 제4계명이 있는)의 계명과 상관없이 독자적인 의미를 가진 것처럼 여겨져, 이 두 번째 계명들이 초점을 맞추는 내재적 도덕규범으로 전락해 버린다. 종교개혁가들은 이러한 계명들의 주된 기능이 계시라고 가르쳤다. 계명들을 지키려 할 때 우리는 우리의 죄성이 어디까지 미치며 그 구속의 방편이 무엇인지 알게 된다. 따라서 십계명은 죄를 고백하고, 용서받고, 화해를 이루는 기회가 정기적으로 제공되는 공동체에 우리가 들어갈(세례) 때라야 비로소 가능한 삶의 방식을 가리킨다. 거듭 말하지만, 우리는 십계명의 요구들을 이행할 능력이 없다. 가령, "너희와 항상 함께 있으리라"는 말씀이 뒤따르지 않는다면 "내가 너희에게 분부한 모든 것을 가르쳐 지키게 하라"는 예수님의 거스를 수 없는 명령 앞에 우리는 쓰러지고 말 것이다.

십계명이 매우 솔직하며 간명하다는 사실은, 그 계명들이 쉽게 터득될 수 있음을 암시하거나 일상의 삶을 위한 자기 충족적이며 고정된 규칙이 아님을 암시하는 것이다. 십계명 앞에서 자긍심이나 안위 혹은 만족감을 느낄 수 있을 만한 사람은 아무도 없다. 하나님께서 삶의 구석구석에서 우리에게 하고 싶은 말씀이 그 안에 전부 들어있는 것은 아니기 때문이다. 계명들이 간명하다는 사실은 우리를 하나님과 하나님의 백성이 있는 곳으로 내몰아, 우리가 선한 존재가 될 수 있음은 오직 하나님의 지속적 계시라는 선물이 주어질 때라야 가능하다는 사실을 깨닫게 한다. 우리와 삼위일체 하나님 사이의 대화는 아직 끝난 것이 아니며 오해할 가능성은 언제나 존재한다. 그렇기 때문에 겸손은 참되신 하나님을 예배할 때 생기는 부산물일뿐 아니라 하나님이신 진리에게 우리가 신실하려 애쓸 때 기대되는 모습이기도 한 것이다. 십계명은 우리의 삶이 하나님의 방식과 뜻으로 전향되는 주된 수단이다. 우리는 영과 진리 안에서 드리는 예배를 하나님을 향해 삶을 전향시키는 것이라고 정의해도 좋을 것이다.

스탠리 하우어워스
윌리엄 윌리몬
성령강림절

1

너는 나 외에는 다른 신들을 네게 두지 말라. 너를 위하여 새긴 우상을 만들지 말고 또 위로 하늘에 있는 것이나 아래로 땅에 있는 것이나 땅 아래 물속에 있는 것의 어떤 형상도 만들지 말며 그것들에게 절하지 말며 그것들을 섬기지 말라. 나 네 하나님 여호와는 질투하는 하나님인즉 나를 미워하는 자의 죄를 갚되 아버지로부터 아들에게로 삼 사대까지 이르게 하거니와 나를 사랑하고 내 계명을 지키는 자에게는 천대까지 은혜를 베푸느니라. _출 20:3-6

제1계명
너는 나 외에는 다른 신들을 네게 두지 말라
너는 너를 위하여 새긴 우상을 만들지 말라

이 책에서 우리는 "너는 나 외에는 다른 신들을 네게 두지 말라"와 "너는 너를 위하여 새긴 우상을 만들지 말라"를 합쳐 첫째 계명으로 삼는 루터교의 전통을 따르기로 한다(로마 가톨릭도 마찬가지다). 유대인들과 개혁교회(칼뱅의 후예들)에서는 "나는 너를 애굽 땅에서 인도하여 낸 네 하나님 여호와로라"를 제1계명으로, "너는 나 외에는 다른 신들을 네게 두지 말라"를 제2계명으로 본다. 일반적으로 중세교회의 성상숭배에 대한 반론으로 개혁교회가 우상숭배를 금지하는 제2계명을 근거로 삼았을 때, 그들은 하나님을 먼 곳에 계시는 분으로 변모시켜 결과적으로 이신론의 출현이 불가피하게 되었다고 한다. 이번 장에서 주목하겠지만, 이신론은 현대인들에게 중요한 문제이기에 계명을 하나하나 열거해 이신론의 허구성을 드러낼 수 있게 되기를 진심으로 바란다.

우리의 이야기는 하나님의 목소리로 시작된다. 이 "대화"를 주도하는 분은 하나님이시다. 하나님이 말씀하시기를 기뻐하지 않았다면 대화도, 이스라엘도, 제사장 나라도, "교회"도, 우리도 존재할 수 없었다. 신명기와 출애굽기에 나타나는 율법과는 달리, 십계명은 하나님이 직접 말씀하시는 형태를 띠고 있기에 그 자체로 강력한 권위를 가지고 있다. 때로 부모가 아이들에게 말을 건네듯 하나님은 이스라엘 백성들에게 말을 건네신다. 단도직입적으로, 딱 꼬집어서, 분명하게 그리고 불필요한 토를 달지 않고 말을 건네신다. 도둑질하지 말라. 살인하지 말라.

나아가, 모든 것이 "나는 여호와 너희 하나님이다"라는 말씀에 근거한다. 명령은 관계에서 비롯된다. 이스라엘은 하나님이 소유하셨고 부르셨기에, 하나님께 책임을 진다. 하나님이 이스라엘에게 요구하시는 것은 하나님이 이스라엘을 선택하셨고 이스라엘에게 여러 선물들을 주셨다는 사실—그중 하나가 율법이다—에 근거한다.

하나님에 관한 이스라엘의 증언 가운데, 우리가 상정하는 윤리와 신학의 구별이 쉽지 않다는 것을 이 십계명만큼 분명하게 보여주는 것은 없다. 바로의 종에서 벗어나기 위해서는, 무엇보다도 행동하시며 거룩하신 하나님—자신도 똑같이 거룩하다고 주장하는 이방신들과 맞서는 거룩하신 하나님—이 필요하다. 그래서 제1계명은 이스라엘을 사랑하신 하나님의 독특성과 기이함을 역설한다. 이스라엘과 일정한 거리를 유지하시는 참되신 하나님은 순종과 예배의 대상이지 우리의 목적—그것이 "윤리"라 하더라도—을 이루기 위해 이용하거나 부리는 대상이 아니다.

이스라엘의 하나님은 명령을 내리신다. 월터 브루그만(Walter

Brueggemann)은 명령을 일컬어 참되신 하나님의 "속성을 드러내는 독특한 표지"라고 말한다.³ 하나님과 이스라엘 사이에 이루어지는 의사소통의 가장 두드러진 특징은 명령-순종의 관계다. 우리는 자신이 아닌 다른 권위에 복종하는 것은 권위주의적이며 부당한 것이라고 생각하는 문화 속에 살고 있기 때문에, 명령-순종의 관계는 우리에게 무척이나 낯설다. 우리는 자신을 구속하는 외부 세력으로부터 해방되었지만, 여전히 자신의 노예가 되어 있다. 이것을 우리는 자유라는 이름으로 환영하지만 이스라엘은 노예 상태가 다양한 모습(특히 "하고 싶은 일"은 꼭 해야 하는)으로 위장하고 나타난다는 사실을 증언한다.

노예 상태는 "너희는 가서, 너희가 쓸 짚을 직접 구해 와야 한다. 그렇다고 해서 너희의 벽돌 생산량이 줄어들어서는 안된다"는 지시를 내린 바로에게서 비롯되기도 한다(출 5:11).

또한 노예 상태는 "콜라 구입하시고 보너스 상품도 몽땅 받아 가세요"라는 상업광고에서 비롯되기도 한다.

문제는 외부의 명령을 받으며 살 것인가 말 것인가가 아니라, 어떤 외부의 명령을 받으며 살 것인가 하는 것이다. 애굽이 이스라엘에게 내린 명령은 너무나 버거운 것이었지만, 그렇다고 출애굽이 무제한적이고 무한한 자유의 성취는 아니었다. 앞서 말했듯이, 그러한 자유는 현대 사회가 만들어 낸 허구일 뿐이다. 출애굽은 단순한 해방이 아니라 거짓 주인이 참된 주인으로 교체되는 사건이었다.

우리는 하나님의 사랑스러운 연인이 되도록 지음받았지만, 스스로 내린 선택으로 노예 상태에 놓이게 되었음을 목격하게 된다. 제10계명에 대한 논의에서 살펴보겠지만, 우리가 그렇게 노예 상태에 빠진 것은 바로 욕망과 관련이 있다. 자유는 **욕망**이라기 보다는 **선택**이라는 현대인의 억측 역시 문제의 한 단면이다. 하나님은 우리를 갈망하는 존재로 지으셨다. 우리는 갈망한다. 문제는, 하나님이 존재하지 않는 것처럼 욕망을 부림으로써, 우리의 욕망이 무질서해졌고 그 결과 우리는 욕망의 노예가 되었다.

> 그들은 내가 애굽 땅에서 인도하여 낸 내 종들이니 종으로 팔지 말 것이라(레 25:42).

이스라엘이 (참되신) 하나님이 주신 계명들에 밀접하게 연결되어 그 계명들을 철저히 지키면 지킬수록, 그로 인해 욕망에 질서가 잡히고 생기를 되찾으면서 참 자유를 얻게 된다. 이스라엘을 광야에서 제멋대로 하게 내버려두면, 형태가 다를 뿐 또다시 바로의 다스림을 받는 노예로 전락하게 된다는 것을 하나님은 아신다. 그런 점에서, 십계명은 애굽이 요구하는 것과는 정반대인, 철저히 다른 사회의 기초로 주어진 것이다. 애굽 제도에 맞서는 대항 제도(counter-institution)를 세우지 않고서는 그 나라에 저항할 수도, 대항 제도로 제시된 사회를 지속할 수도 없었다. 이스라엘에게 십계명은 바로 이 같은 대안적 삶을 살아 내기 위한 기초가 되는 것이다.

현대인에게 제1계명을 지키라고 하면 그들은 이상하게 여긴다. 어떤 이들은 현대인이 유일신보다는 여러 신들을 숭배하는 다신주의에 익숙해 있기에 제1계명이 그들과 무관하다고 한다. 그들의 말에 의하면, 현대인은 유신론자가 될 것인지 아니면 무신론자가 될 것인지로 고민하고 있다. 그러나 문제는 신이 존재하느냐 존재하지 않느냐는 것이 성경의 관심사가 아니라는 점이다. 성경은 "하나님은 존재하는가?"라고 묻는 대신 "스스로 존재하시는 하나님은 과연 **어떤 분이신가?**"라고 묻는다.

무신론조차도 하나님 관념에 기생한다. 현대의 최대 문제는 무신론이 아니다. 문제는 현대의 유럽인들과 그들의 식민지에서처럼 하나님에 대한 인식이 두드러질 정도로 모호해지고 약화되면서 그분을 거부한다는 것이다. 오늘날 무신론은 하나님께 혐의를 두는 불의한 일들에 분노하거나 항의하지 않는다. 그보다는 냉소적으로 "정직하면 됐지, 사람들이 어떤 하나님을 믿든 상관할 바 아니다"거나, "착하게 살면 그만이지, 사람들이 무얼 믿든 중요한 게 아니다"라는 식으로 말한다.

사람들이 그처럼 냉소적인 것, 그처럼 어리석은 불가지론을 펼치는 것은 그리스도인들이 제1계명에 불순종했으며 하나님을 예배의 대상이 아닌 신념의 문제로 환원시키려 했기 때문이다. 우리는 다른 신들을 우리 앞에 두어서는 안되는 사람들이다. 요즘 우리가 기도하는 것을 들으면 사람들은 우리가 하나님을 믿어 줌으로써 하나님에게 호의를 베풀고 있다는 인상을 받을지도 모른다. 제1계명은 분명하다. 하나님은 우리의 "믿음"을 원하시는 게 아니다. 하나님은 우리 모든 마음과 영혼, 접시와 냄비, 그 모든 정황을 원하신다.

이스라엘아 들으라. 우리 하나님 여호와는 오직 유일한 여호와시니 너는 마음을 다하고 뜻을 다하고 힘을 다하여 네 하나님 여호와를 사랑하라(신 6:4-5).

루터는 이를 다음과 같이 설명했다.

> 하나님이 계시다는 말은 무슨 뜻인가? 하나님은 어떤 분이신가? 이에 대한 답은, 하나님은 우리로 하여금 당신에게서 온갖 선한 것을 찾게 하시며, 우리가 곤고할 때마다 피난처를 제공하는 분이시라는 것이다. 우리에게 하나님이 계시다는 것은 우리가 온 맘을 다해 그분을 신뢰하고 믿는 것이다. 내가 종종 말하지만, 오로지 마음 속에서 어떻게 신뢰하고 믿느냐에 따라 그 대상이 하나님이 되기도 하고 우상이 되기도 한다. 당신의 믿음과 신뢰가 올바르다면 당신이 믿는 하나님은 참되신 하나님이다. 반면 당신의 신뢰가 그릇되거나 나쁘다면 당신이 믿는 하나님은 참되신 하나님이 아니다. 왜냐하면 믿음과 하나님, 이 둘은 동류이기 때문이다. 내 말은, 당신의 마음이 집착하는 대상, 신뢰하는 대상이 곧 당신의 하나님이라는 뜻이다. 이는 "오직 나만을 너의 하나님으로 삼고 다른 대상은 절대로 찾지 말라"는 뜻이다. 우리의 마음이 다른 대상을 신뢰할 때, 이것은 곧장 유일하신 참 하나님과 다음과 같은 그분의 말씀으로 직행한다. "너희에게 선한 것들이 필요하다면 나를 신뢰하고 내게서 그것들을 찾아라. 너희가 불행과 고통에 시달릴 때마다 내게 와서 나를 꼭 붙잡아라. 내가 너희를 만족시키며 너희의 온갖 필요를 채울 것이다. 다른 대상에게 마음을 빼앗기는 일은 절대 없게 하라."(대요리문답, p. 9)

루터의 하나님은 이신론자가 말하는 그런 하나님이 아니다. 제1계명은 이 세상을 돌아가게 할 그 무언가가 필요해서 우리가 고안해 낸 하나님에 관한 것이 아니라, 그것이 무엇이든 더 이상 작용하지 않는다는 사실에 관한 것이다. 제1계명은 우리의 준거틀을 벗어나 외부에서 우리에게 말을 걸어오는 것에 관한 것이며, 질투하시는 하나님이 우리에게 내리시는 명령에 관한 것이다. 하나님의 질투는 구원하시는 하나님과 철저하게 관련되어 있다. 하나님이 우리를 종 되었던 집, 애굽 땅에서 이끌어 내신 것을 생각하면 하나님의 질투(우리에게 당신만을 사랑하라고 요구하시는 것)는 당연한 것이다. 질투는 우리를 애굽 땅에서, 종살이하던 집에서 해방하신 하나님의 당연한 태도다.

그리스도인들은 이 하나님을, 예수를 죽은 자 가운데서 살리신 하나님과 동일시한다. 하나님이 이스라엘을 애굽의 속박에서 구원해 주셨다는 바로 그 이유 때문에, 우리는 이 기적의 하나님을 부활의 하나님으로 알게 되는 것이다. 하나님이 질투하시는 것은, 우리 하나님이 시간을 몽땅 우리에게 쏟아 부으시기 때문임을 로버트 젠슨(Robert Jenson)은 일깨워 준다. 이처럼 과분하게 시간을 쏟아 붓지 않는 이방 신들은 시간과 관계가 없기 때문에 자신들의 평판이 어찌되든 개의치 않는다. 그러나 우리 주님은 질투하시는 하나님으로서, 출애굽과 부활 같은 현세의 사건들을 통해 알려지신다. 이방 신들에 대한 예배는 그들의 이름과 인상 착의를 확인하는 것으로 가능할지도 모른다. 하지만 그러한 예배는 시간의 경계 자체가 무너지는 더 큰 신비 앞에서 힘을 잃는다. 성경의 하나님은 그렇지 않다. 우리 주님은 십자가와 부활에서 발견할 수 있는, 열정적이며 시간에 관여하시는

하나님이시다.[4]

　하나님은 아브라함과 이삭과 야곱의 하나님이 되심으로써 시간을 창조하신다. 말하자면, 세상을 구속하시기 위해 이스라엘과 언약을 맺고 제휴하심으로써 하나님은 백성들에게 한 이야기를 들려주신다. 하나님은 자신이 이스라엘 백성과 운명을 같이하는 신으로 알려지기를 간절히 바라신다. 우리가, 우리 앞에 삼위일체 하나님이 아닌 다른 신을 두어서는 안된다고 믿을 때 우리는 우리 그리스도인들이 유대인들보다 뛰어나다고 믿는 것이 아니라, 제1계명에서 이스라엘의 사랑을 시샘하듯 요구하신 하나님과 동일한 하나님을 예배하는 것임을 믿는 것이다. 우리가 말하는 "삼위일체", 즉 "성부, 성자, 성령"은 신구약 전체가 들려주는 구속의 모든 이야기를 함축적으로 그리고 속기로 전달하는 방식이 된다. 말하자면, 갈대아 우르에서 아브라함을 부르신 하나님은 예수를 죽은 자 가운데서 일으키신 바로 그 하나님이신 것이다.

　우리가 하나님을 그런 분으로 알게 되고 그런 분으로 예배하는 것은, 루터가 "십계명을 아는 것은 성경 전체를 아는 것이다"라고 말할 수 있었던 이유와 밀접하게 연결되어 있다. 십계명이 이야기되는 것은 우리가 그 계명들을 제대로 이해하기 위해 더없이 소중한 이야기들, 곧 창조, 출애굽, 왕들, 예언자들, 바벨론 포로생활, 예수, 죽음, 부활, 승천, 교회 등에 대해 마땅히 알아야 한다는 것을 의미한다. 또한 십계명은 우리를 이야기한다. 말하자면, 십계명은 구속이라는 이야기 속으로 우리가 들어갈 수 있도록 돕는다. 십계명이 그러한 이야기를 가능케 한다고 말하는 것도 무방하다. 앞으로 살펴보겠지만, 십계명의 각 계명들이 필연적으로 상호 연관성을 띠는, 달리 표현해, 제1계명이 계명 전체를 구성하는 토대가 되는 까닭이 여기에 있다.

 제1계명은 이스라엘과 교회의 중심이다. 여기서 우리는, 우리 하나님이 이 세상, 현세, 이 시대를 초월하시는 분이 아니라 시간 속에 자리하시는 분이요, 시간 속에 들어오심으로써 시간을 초월해서는 이룰 수 없는 일을 이루신 분임을 기억하게 된다. 시간을 초월하는 신은 우리에게 도움이 되지 않는다. 하나님을 "질투하시는" 하나님으로 부르는 것은 그분이 우리 일에 열정적으로 개입하심을 일컫는 성경적 방식이다.

 이스라엘의 하나님은 자존심이 강하다는 특징을 지니신다. "질투"를 뜻하는 히브리어는 자신의 주권과 영광을 모욕하는 어떤 행위에 하나님이 감정을 격렬하게 나타내신다는 의미가 있다. 여기에는 위압적이고 격렬한 감정이 강조되고 있다. 월터 브루그만의 말대로, 이 하나님은 결코 "질서 바른 왕국의 냉철한 통치자가 아니라 여호와의 몫으로 돌려야 할 모든 일에 강렬한 심정으로 개입하시는 분이시다."[5] 이런 하나님과 비길 수 있는 자는 세상 어디에도 없다. 이 하나님은 이스라엘과 감정적으로 매우 끈끈하게 연결되어 있어 이스라엘이 조금이라도 불순종하면 무자비하면서도 격한 감정을 드러내신다.

> 너희가 여호와를 능히 섬기지 못할 것은 그는 거룩하신 하나님이시요 질투하시는 하나님이시니 너희의 잘못들과 죄들을 사하지 아니하실 것임이라. 만일 너희가 여호와를 버리고 이방 신들을 섬기면 너희에게 복을 내리신 후에라도 돌이켜 너희에게 재앙을 내리시고

너희를 멸하시리라(수 24:19-20).

이스라엘은 하나님이 그들의 처지를 냉정하면서도 공평하게 살펴주시기를 바라면서 그분과의 대화를 거듭 시도한다. 그러자 여호와는 기다렸다는 듯이 격한 언사를 내뱉으신다. 격앙된 말들이 오간다. 이스라엘은 그들이 저지른 몇몇 사소한 죄과로 인해 그저 꾸지람이나 듣겠거니 했지만, 하나님은 이스라엘을 "간부(姦夫)", "간통자"라고 호되게 질책하신다. 이스라엘과 하나님의 대화는 과열되고, 격앙되고, 언성이 높아지고, 서로 충돌한다. 하나님과 이스라엘의 관계는 지나치게 과열되기도 하는데, 이는 마치 예의바른 그리스도인들로 가득한, 번듯한 교회보다는 침실이나 부엌에서나 어울릴 법한 말들이 난무하는 부부 싸움과 비슷하다.

참되신 하나님의 입에서 나오는 말씀이 격렬하게 되기 십상인 것은, 그분이 많은 위험을 감당하셨기 때문이다. 하나님은 이스라엘을 구원하고 택하기 위해 엄청난 모험을 하셨으며, 교회를 탄생시키기 위해 십자가 죽음까지도 불사하셨다. 그렇기 때문에 우리와 하나님 사이의 문제는 사소하거나 하찮은 것이 아니다. 이 하나님은 이스라엘에 열정적이면서도 남다른 헌신을 보이셨기에 이에 대한 응답으로 그들의 열정적인 순종을 기대하신다.

여호와께서 용사 같이 나가시며
전사 같이 분발하여 외쳐 크게 부르시며
그 대적을 크게 치시리로다(사 42:13).

하나님은 개입하신다. 이스라엘과 교회는 하나님을 길들이고 그분의 뜻을 꺾으려는 시도를 멈춘 적이 없다. 사랑과 분노—의를 사랑하시는 하나님에게서 나오는 분노—라는 양극단을 다루시는 하나님과 대화를 나누는 것은 두려운 일이 아닐 수 없다. 우리가 예배중에, 자유로우시고 의로우시며 또한 주권을 행사하시는 하나님, 곧 사랑하는 자들이라도 마음대로 부리지 아니하시는 하나님과 대화를 시도할 때 일말의 두려움이 생긴다. 우리가 이 하나님께 순종할 때 우리의 왕국과 하나님의 왕국 사이에는 거대한 간격이 있음을 알게 된다. 물론 우리 사이에도 엄청난 간격이 있다. 그럼에도 불구하고, 이스라엘과 교회의 모습 중 가장 사랑스러운 부분은, 그들이 살아계신 하나님과의 대화를 담대하게 시도할 만큼 그분에게 매우 살가운 정을 느낀다는 것이다. 브루그만의 말대로, 하나님이 질투하시는 분이라는 이 주장 속에는 "광대함과 투박함…… 권세와 강렬함…… 이 있다. 이 하나님을 우리는 진지하게 받아들이고, 공경하며 마땅히 순종해야지 냉소적이어서는 안된다. 열방은 경고를 받았으며, 이스라엘 또한 사전 경고를 받았다. 여호와를 전능하신 주권자로 여겨야 한다. 그분 외에 다른 신은 없다."[6]

우리는 차분하고 냉정하며 초연한 이신론에 매력을 느낀다. 우리는 때로 우리 하나님이 공평하게 법 규정을 적용하고 집행하는, 냉정하고 공정한 통치자가 되거나 높은 자리에서 만인을 차별 없이 대하는, 거대한 관료주의 사회의 대통령이었으면 좋겠다고 생각한다. 그러나 참되신 하나님은 그보다 훨씬 더 많이 창조 세계에 관여하신다. 이 하나님은 쉽사리 분노를 삭이지 못하는 소유욕이 강한 남편(겔

16:38), 그럼에도 애정을 가진 남편처럼 질투하신다. 이 하나님은 우리와 달리 정의에 대해 지나칠 정도로 의분을 느끼시고 눈물을 흘리기도 하신다(요 11:35).

이처럼 자발적으로 끈끈한 정을 맺으시며, 현실에 침투해 들어오시는 하나님의 현존은 성육신에서 그 절정을 이룬다. 구약은 이스라엘을 향한 정념(pathos)으로 노심초사하는 하나님의 모습으로 막을 내린다. 성육신, 곧 그리스도의 강림은 친히 인간사에 관여하고 싶은 마음을 도저히 주체할 수 없으셨던 하나님이 육신을 입고 참 사람이신 예수로 나타나신 사건이다. 하나님은 과분하다 싶을 정도로, 몸소 온전하게 하나님의 백성들과 관계를 맺으신다. 결국 구약에서 하나님이 그의 백성들 가운데 철저히 개입하신 것은, 신약에서 하나님이 성육신을 통해 철저히 개입하실 것의 분명한 예시였다. 이 하나님은 어떤 대가를 치르더라도 한 가족을 형성하실 것이다. 단호한 결심과 뜨거운 열정으로 자신의 백성을 돌보시려는 하나님은 철학자들의 초연한 신에게 도전장을 내미신다. 그 열정은 이스라엘과 교회에 커다란 유익이 되기도 하고 우리에게 버거운 짐이 되기도 한다. 더없이 위대하시며 살아계신 하나님의 사랑을 받으려면 무릇 위대한 백성이 필요한 법이다!

이스라엘이 철저히 배척당하고 책망받은 후 호세아는 하나님이 사모하는 남편처럼 이스라엘에게 말을 건네시는 것을 듣게 된다.

그러므로 보라, 내가 그를 타일러
거친 들로 데리고 가서 말로 위로하고(호 2:14).

만일 하나님이 "나는…… 하는 주 너의 하나님이다"라고 하시면서 먼저 말을 걸어오지 않으셨던들, 역동적이시며 열정적이신 이 하나님을 우리는 알 수 없었을 것이다. 포이어바흐(Ludwig Feuerbach)의 사상에 반대하시는 이 하나님은 인간 욕구의 투영이 아니며, 한껏 부풀려져서 "하나님"으로 불리기 원하는 우리 자아도 아니다. 만일 이 신이 우리 욕망의 투영이었다면 우리는 삼위일체보다 더 고분고분하며 흡족할 만한 신을 만들었을 것이다.

이 하나님은 우리 욕구의 투영이라기보다는 오히려 우리의 필요를 변형시켜 구원하시는 분이다. 이스라엘은 광야에서 인간에게 가장 절실하게 필요한 것은 떡이라고 생각했다. 그러나 시내 산에서 하나님은 이스라엘에게 절실한 것은 떡이 아니라 소명임을 일깨우셨다. 예수님은 광야에서 사역을 시작하시면서 돌덩이가 떡이 되게 하라는 사탄의 유혹을 받으시자 이스라엘이 계명들을 통해 터득한 것을 사탄에게 이르면서 자신이 하나님과 하나됨을 드러내셨다.

기록되었으되,
사람이 떡으로만 살 것이 아니요
하나님의 입으로부터 나오는
모든 말씀으로 살 것이라(마 4:4).

이스라엘과 교회는 세상이 사람들을 끌어 모으는 방식—인종, 계급, 성(姓)—에 의해서가 아니라 오로지 하나님의 말씀에 기초해 인간 욕구가 형성될 수 있음을 온 세상에 보여주는 구체적이며 가시적인 증거다. 우리가 주일마다 모이는 것은 우리의 집단적인 자아도취의 욕망이 충족될 수 있으리라고 기대하기 때문이 아니라, 우리 모두의 삶이 하나님의 부르심에 기초하지 않으면 하찮은 존재가 될 수밖에 없음을 깨닫기 때문이다.

젠슨의 말을 다시 들어보자. "이스라엘의 하나님이 스스로 주장하신 바에 따르면, 이스라엘이 자신의 문화적 욕구를 충족하기 위해 하나님을 마음에 품은 것이 아니라 오히려 **그분이** 그들의 문화와 **더불어** 이스라엘을 택하신 것이다."7 그러한 하나님은, 몇몇 일반화되고 투영된 인간의 필요가 채워지면 그것은 하나님을 믿는 것과 다를 바 없다는 온갖 종교적 진술에 이의를 제기하신다. 이 하나님이 (생존을 위한 우리의 기본 욕구를 거스르시면서) 우리에게 독특한 명령—오직 한 사람하고만 성관계를 맺어야 한다는 등—을 내리시는 후반부 계명들에서 우리는 하나님이 우리가 고안해 낸 어떤 것이 아니라는 구체적인 증거를 갖게 된다.

제1계명과 그리스도인의 삶

우리에게 필요한 것은 하나님이 아니라 하나님을 예배하는 일임을 유대인들은 그리스도인들에게 계속 일깨워 왔다. 하나님으로부터 무언가 얻어 낼 생각은 그만 하고, 대신 우리의 삶을 하나님 쪽으로 전향시켜라. 이것이 바로 제1계명의 의미다. 예배드릴 때에만, 삶을 끊임없이 지속적으로(매주 그리고 습관이 되다시피 해야 하는 것은 우리의 본성이 너무도 부패했기 때문이다) 하나님 쪽으로 전향시킬 때만 우리는, 우리를 끊임없이 위협하는 우상으로부터 벗어날 수 있다. 하나님께 예배드릴 때만 우리는 우상을 숭배하려는 우리의 성향이 분간할 수 없을 정도로 매우 심각한 상태에 있음을 깨닫게 된다.

우상숭배는 유한한 실재에게 단순히 경의를 표하는 것 이상이다. 물론 그런 것만으로도 파괴적인 결과를 초래할 수 있다. 우상숭배는 오직 믿을 수 있을 한분 하나님을 신뢰하지 않고 참되신 하나님을 부인하는 것이다. 우상숭배란 "너는 나 외에는 다른 신들을 네게 두지 말라"고 명령하신 하나님이 아니더라도 다른 대상을 통해 구원을 얻을 수 있다는 가정이다.

성부와 성자와 성령을 이야기할 때 그리스도인들은, 우리가 천지를 지으시고 지금도 그것을 유지하시는 유일하신 하나님을 이야기하고 있다고 믿는다. 우리는 지금 신이 셋이라고 말하는 것이 아니다. 왜냐하면 하나님은 "질투하시는" 분이요, 열심을 다해 당신의 유일하심을 소중히 여기시기 때문이다. 우리는 창조주시요 구속자이신 성자를 통해 하나님의 성부이심을 알게 되고, 예수를 죽은 자들 가운데서 일으키신 성부를 통해 하나님의 성자이심을, 그리고 그리스도의 살과 피인 떡과 포도주를 통해 하나님의 성령이심을 알게 된다. 하나님이 삼위일체라는 사실은 이스라엘 이야기와 유대인이라 불리는 백성들이 없다면 우리의 이야기, 우리의 공동체를 이해할 길이 없음을 그리스도인들에게 상기시킨다. 이 하나님 외에 다른 신은 존재하지 않는다. 각기 자신의 영역에서 영향력을 행사하는 다른 신들이란 존재하지 않는다. 우리 그리스도인들은 이 세계가 자신들이 섬기는 신의 지원을 받으며 전투를 벌이는 전쟁 캠프들로 나뉘었다고 생각하지 않는다. 이 세계가 분열되어 전쟁의 혼란에 빠져 있다는 생각에 반대하며 이스라엘은 우리에게 "여호와 너희의 하나님은 한분이시니……"라고 선포하도록 가르쳤다.

나아가 우상숭배는 위험천만하게도 우리의 순종과 깨달음이 우리 자신의 구원에 영향을 준다는 허황된 생각을 불어넣는다. 하나님이 지으신 세계는 더없이 좋으며, 하나님께서 우리가 유혹에 넘어가 자립할 수 있다고 착각할 권리를 우리에게 부여하셨다는 생각, 이것이 바로 이신론의 형태를 띤 우상숭배다. 창조주가 우리 창조물로 하여금 철저히 자기 스스로 살아가도록 내버려두셨으며, 그리스도는 우리의 도움이 절실하며, 선을 행하느냐 마느냐는 전적으로 우리의 소관이며, 이 세상이 제대로 돌아가게 만드는 것은 민주주의 국가에 살고 있는 우리의 책임이라는 생각은 오만이다. 어쩌면 역사상 가장 피비린내 나는 시대로 자리매김 될지도 모를 그런 시대가 끝나면서, 이신론으로 인한 끔찍한 폐해가 곳곳에서 목격되고 있다.

기도는 우상숭배에 맞서는 행위다. 기도할 때 우리는 창조주에게 합당한 것을 드리며, 우리가 존재하는 것은 놀라운 기쁨이라고 고백하는 것이다. 또한, 기도할 때 우리는 우리가 존재하게 된 것이 선물이요 은총이라고 선언한다. 십계명은 자신의 잔꾀가 아니라 그 십계명으로 말미암아 살아가는 법을 이스라엘에게 끊임없이 가르치시기 위해 하나님이 주신 선물이다.

존 웨슬리(John Wesley)는 처음 세 계명이 하나님에 대한 우리의 의무와 관련이 있음을 주목했다. "그러한 계명들이 앞에 배치되어 있는 것은 매우 적절하다. 왜냐하면 인간은 사랑해야 할 이웃보다 사랑해야 할 창조주를 먼저 가졌기 때문이요. 정의와 박애는 경건의 원리에서 도출될 때만 하나님이 수용하시기 때문이다"(구약 주석, 출 20:2).

그러나 처음 세 계명은 나머지 계명들과 분리되어서는 안된다. 하나님을 사랑할 때라야 비로소 우리는 이웃을 미워하지 않고 사랑하는 법을 배우게 된다. 우리가 우리를 지으신 창조주를 알게 될 때라야 비로소 우리 이웃을 하나님의 창조물로서 진정으로 사랑할 수 있으며, 우리 이웃이 하나님의 창조물임을 알 수 있게 된다. 우리가 스스로 신이 되기 위해 자율(말 그대로, 자기를 법으로 삼는 것), 자립, 자급자족을 추구하는 것은 현대성(modernity)의 특징이다. 하나님 없는 세상이 무의미하다는 것이 확연히 드러나자 세상은 현대의 주된 과제가 의미를 창조하거나 부여하는 일이라고 생각한다. 이와는 대조적으로, 십계명은 우리가 이 세상에서 서로 믿고 살도록 은혜로우신 하나님의 지음을 받은 존재라는 사실을 깨닫게 될 때 비로소 삶의 의미를 찾을 수 있음을 우리에게 상기시킨다. 의미란 제1계명에서 하나님이 우리에게 말을 걸어오신 것으로부터 파생되는 것이다.

현대성은 신들을 죽이는 데는 실패했지만 미신을 온 세상에 퍼뜨리는 데는 성공했다. 현대인들은 우리의 학식과 자유와 자각이 늘어날수록 신들을 예배할 필요가 줄어든다고 믿는다. 그렇지 않다. 우리는 예배하도록 지음받은 존재이기에 무언가를 예배하게 된다. 그래서 우리는 인생을 운명적인 것 마냥 미신적으로 해석한다. 행운은 우리의 세속신학이 되고 인생은 하나의 거대한 도박장이 된다(최근 성행하는 복권이나 여러 형태의 도박이 신장세를 보이는 것에는 모종의 연관성이 있다). 사람들은 "운이 다했군"이라고들 한다. 랍비 쿠쉬너의 화제의 책 「선한 사람들에게 왜 불행이 오는가?」(*When Bad Things Happen to Good People*)를 보면, 하나님은 인간에게 좋은 일이 일어나든 나쁜 일이 일어나든 대체로 무덤덤하다. 인생이란 하나의 거대한 룰렛 바퀴다. 대체 누가 손을 쓸 수 있겠는가? 인간의 활동이 도를 넘어 신의 경지에 이르면서, 프로메테우스, 에로스, 마르스, 프시케 같은 헤아릴 수 없을 신들이 등장한다. 20세기가 저물 무렵 구소련을 몰락시킨 우리는 전능한 핵무기 숭배를 성기 숭배(장구하면서도 고상한 전통을 지닌 제의)로 대체했다. 물질적으로 풍요로워진 서구인들은 음식, 주택, 의복 같은 생필품이 채워지자 이제 신들에게 떡이 아닌 성적 쾌락을 맛보게 해달라고 간절히 애원한다.

이처럼 현대에 미신이 만연하게 된 것은, 우리가 제1계명을 위반했을 뿐 아니라 형상 금지 계명을 잘못 해석했기 때문이다. 하나님은 초월적 존재이지만 그것은 하나님이 가까이 다가오심으로 알려진 초월성이다. 하나님이 삼위일체라는 사실은 성부가 나사렛 예수 안에서 육체를 입으시고 우리로 하여금 하나님을 볼 수 있게 하셨다는 뜻이다.

그래서 교회가, 하나님을 성육신하신 분으로 알았기에 성상(聖像) 숭배—그리스도뿐 아니라 성모 마리아, 천사들과 성인들까지도—를 옹호했던 것이다. 우리는 성찬과 세례라는 성례를 통해 예수 안에서 이루어진 하나님의 자기 희생을 보게 된다. 이때 우리에게 우상숭배의 유혹에 맞설 수 있는 방편이 주어지는 것이다.

우리 하나님은 입에 올리기에도 황송하기만 한 분이 아니다. 캐나다 연합교회 총회장인 빌 핍스는 이렇게 말했다. "나는 예수가 하나님이었다고 믿지 않는다.……하나님의 본질을 표현한 개념 전체는 예수 안에서 표현될 수 있는 것보다 더욱 광대하고 더욱 폭이 넓고 더욱 신비로우며 더욱 거룩하다."[8] 그가 이런 말을 할 때 자신의 지식이 얼마나 하찮은 것인지 생각이나 했는지 모르겠다. "더욱 광대하고 더욱 폭이 넓고 더욱 신비로운" 하나님을 갈망하는 것은 교만의 또 다른 특징으로서, 우리에게 다가오시는 하나님을 유대인의 형식을 따라 예배하지 않겠다는 오만한 표현이다.

하버드대학의 한 신학자는 이스라엘과 교회의 하나님은 너무 "배타적"이어서 오늘날 종교 간의 차이를 좁히는 데 도움이 되지 않는다고 불평한다. 이 여성 신학자는 현대의 종교 간의 차이가 오늘날 일어나는 많은 정치적 갈등의 주요 원인이라고 본다.[9] 오늘날 일어나는 갈등의 원인이 가공할 민족주의 때문이 아니라 하나님이나 신들 때문이라고 비판할 수 있다는 게 놀라울 따름이다. 그렇다면 그 여성 신학자가 우리로 하여금 예배하게 만드는 "신"은 과연 어떤 신인가? 그녀는 "하나님은, 기독교의 전통을 비롯해 어느 하나의 종교적 전통으로 망라할 수 없는 신적 실재를 언급하는 방식이다"라고 한다.[10] 다시 말해, 우리의 신 체험이 하나님을 만들어 낸 것이지, 하나님이 우리로 하여금 당신을 체험케 한 것은 아니라는 말이다. 결국, 폭력이 난무하는 이 세상을 다루려고, 우리는 관용, 다원주의 내지는 세속적 미덕을 경배하기 시작한다. 그런 후에, 우리는 세상이 하나님을 알기 전 이 세상에 필요한 것이 미리 결정되어 있다는 예정론과 일치하는 유대교와 기독교의 성경으로부터 그러한 덕목들을 기를 쓰고 지키려 한다.

다시 말하지만 우리 같은 사람, 곧 그리스도 안에서 우리에게 계시된 하나님보다 도량이 넓은 이신론의 하나님을 기꺼이 선택하고자 하는 사람들에게 십계명이 주는 큰 선물 중 하나는 십계명의 환원 불가능한 독특성이다. 십계명은 "다원주의"와 같은 광대한 개념을 배척하는 대신, 실제적이며 솔직한 언사와 기본적이며 구체적인 지시사항을 고수한다. 유대교에서 유래한 기독교는 힌두교와는 달리 단순함이라는 큰 미덕을 가지고 있다. 기독교에는 비밀스럽고, 쉽게 접근할 수 없으며, 모호하고 신비로운 것이 별로 없다. 우리가 해야 할 일은 오로지 우리의 말과 행위를 통해 성부와 성자와 성령이신 하나님, 우리에게 먼저 말을 걸어오신 하나님을 예배하는 것이다.

제1계명에서 하나님이 이 계명을 따르지 않는 자들, 곧 예배관이 분명하지 않은 자들을 벌하시겠다고 경고하신 것을 주목하라. 하나님은 어째서 그토록 배타적이기를 고집하시는가? 하나님은 어째서 그분의 친구들이 조금이라도 우상숭배를 하면 그렇게 화를 내시는가? 그 까닭은 죄를 지으면 징계를 받게 될 것이기 때문이 아니라, 하나님의 창조 계획과 동떨어진 삶을 산다는 것이 고통이라는 의미에서, 죄 자체가 징계이기 때문이다. 거짓 신들은 요구 사항이 터무니없이 많다. 간음을 하면 자신의 죄를 은폐하고 합리화하느라 무진 애를 쓰지만 일부일처제는 그럴 필요가 없다.

밀라드 풀러(Millard Fuller)가 듀크대학에서, 어떻게 자신과 아내가 전 재산을 팔고 잘 나가던 변호사 일을 그만두고 조지아 주 아메리쿠스의 빈민촌으로 들어가기로 결심하게 되었는지, 그리고 그 이후에도 어떻게 하나님의 뜻을 따르게 되었는지 간증했다. 하나님은 이 부부에게 가난한 사람들을 위해 집짓는 일을 시작하라고 명령하셨고, 이렇게 해서 "사랑의 집짓기 운동"(Habitat for Humanity)이 탄생했다.

그 주가 끝날 무렵 우리 중 한 사람은 "그 부부가 모든 것을 정리하고 빈민촌으로 들어갔을 때 자녀들은 몇 살이었나요?"라는 질문을 받았다.

몇 차례 계속된 질문을 받고나서 우리는 이 질문의 핵심에 일종의 감상적인 생각이 자리하고 있다는 것을 알았다. 얘기인즉, 자신이 원하는 종교적 체험을 실제로 행한다면 누가 뭐랄 사람은 없다. 하지만 그 자녀들에게 그러한 체험에 동참하도록 강요하고 당신의 뜻을 펼치기 위해 자녀에게 희생을 강요하는 것은 잘못된 일이 아니냐는 것이다.

질문했던 사람은 피임약을 복용중인 열여섯 살 된 딸과 알코올 중독으로 지금까지 병원 신세를 지고 있는 아들을 두고 있었다.

제1계명은 부모 된 우리 모두가 자녀를 여러 신들에게 희생제물로 바치고 있으며, 고상한 뜻을 펼치기 위해 자녀들에게 고통에 동참하라고 별 생각 없이 강요하며, 또한 그렇게 하는 것이 마치 부모의 도리라고 생각하는 가슴아픈 진실을 드러낸다. 제1계명에서 보듯이, 우리가 우상숭배의 죄를 범하면 이에 대한 징계로서 그 죄가 우리 자손에게 전가된다. 그래서 1552년에 나온 「공동기도서」(*Book of Common Prayer*)는 매 주일 죄 고백을 하기에 앞서 먼저 십계명을 낭독하게 하도록 명기하고 있는 것이다. 이는 십계명이 우리의 참된 자아를 드러내기 때문에 비로소 우리가 스스로 죄인임을 깨닫는다는 사실을 표명하도록 나타내는 것이다.

제1계명이 주는 기쁜 소식, 곧 복음은 하나님이 범상치 않은 일―우리에게 자신의 이름을 알려주신 것―을 행하셨다는 것이다.[11] 하나님은 우리에게 참되신 하나님을 신실하게 예배할 수 있는 방편을 허락하셨다. 우리가 이 방편을 지키지 못한다면, 우리의 자녀까지 망치는 것이다. 징계는 하나님이 약하심을 보여주는 표지가 아니다. 사람들의 순종을 끌어내리려고 징계하겠다 울러댈 정도로 하나님은 약한 분이 아니시다. 징계란 우리가 하나님을 외면하고 살아왔던 삶에 대한 고발이다. 우리가 죄를 지어서 징계를 받는 것이 아니라 죄 자체가 징계다. 죄를 자각할 수 있는 능력은 그것에 의해 하나님이 우리에게 손을 내미셔서 본향으로 돌아가는 길을 알려주시는 선물이다. 우리가 어둠 속에서 길을 잃고 방황해 울고 있을 때 우리의 간구를 들으시는 그분은, 우리가 집으로 돌아오기를 애타게 원하시는 그분, 당신께 예배하는 것이 곧 본향이라고 말씀하신다.

2

너는 네 하나님 여호와의 이름을 망령되게 부르지 말라. 여호와는 그의 이름을 망령되게 부르는 자를 죄 없다 하지 아니하리라. _출 20:7

제2계명
너는 네 하나님 여호와의 이름을 망령되게 부르지 말라

낯선 사람을 만나게 되면 이름부터 묻게 되는 것이 보통이다. 상대방의 이름을 알게 되면서 서먹서먹함은 사라지고 친근감이 싹튼다.

로미오는 "이름 안에는 뭐가 있을까?"라고 묻고는 "장미는 어떤 이름으로 불린다 해도 그 향기가 여전할 거야"라고 덧붙인다.

그렇지 않다. 이름이란 인위적 꼬리표 그 이상의 의미를 가진다. 자신의 이름을 알려주는 것만큼 두 사람을 가깝게 만들어 주는 것은 없다. 이름에는 힘이 있고 누군가의 이름을 짓는 것에도 힘이 있다. 창세기를 보면 하나님이 인간에게 짐승들의 이름을 지을 수 있는 힘을 주셨을 때 인간에게 "통치권"이 생겼다는 것을 알 수 있다(창 2:19-20).

이제부터 영원까지 여호와의 이름을 찬송할지로다.
해 돋는 데에서부터 해 지는 데에까지
여호와의 이름이 찬양을 받으시리로다.
여호와는 모든 나라보다 높으시며

그의 영광은 하늘보다 높으시도다(시 113:2-4).

이스라엘의 집에 입양된 그리스도인들은 하나님이 자신의 이름을 알려주신 백성이 되는 특권을 받았다. 제2계명은 바로 이 선물에서 비롯된다. 이 계명은 윤리(하나님에 대한 순종)에서 신학(하나님에 관한 이야기)을, 도덕(하나님을 섬기는 것)에서 예배(하나님을 섬기는 것)를 떼어 내려는 것이 왜 잘못인지를 명백하게 보여 준다.

> 모세가 하나님께 아뢰되 내가 이스라엘 자손에게 가서 이르기를 너희의 조상의 하나님이 나를 너희에게 보내셨다 하면 그들이 내게 묻기를 그의 이름이 무엇이냐 하리니 내가 무엇이라고 그들에게 말하리이까. 하나님이 모세에게 이르시되 나는 스스로 있는 자니라. 또 이르시되 너는 이스라엘 자손에게 이같이 이르기를 스스로 있는 자가 나를 너희에게 보내셨다 하라(출 3:13-14).

하나님의 이름을 안다는 것, 하나님으로부터 이처럼 귀한 선물을 받았다는 것은, 곧 그분의 이름을 바르게 사용해야 할 책임이 있다는 뜻이다. 기도는 가장 "경건한" 행위다. "예수님의 이름으로" 기도하기 때문이다. 예수님은 두 사람이 그분의 이름으로 모여도 우리 가운데 계시겠다는 약속까지 하셨다(마 18:20).

하나님의 이름을 부르는 것은 도덕적 의무를 수반한다. 하나님의 이름을 들었기 때문에, 우리는 그분을 우리가 원하는 어떤 존재로 만들 수 없다. 하나님은 이스라엘에게 보이신 사랑과 그리스도의 부활을 통해 자신이 "스스로 있는 자"라는 사실을 계시하신다. 계시란 하나님이 우리를 발견하셨으며 우리가 이 사실을 알게 되었음을 일컫는 방식이다. 하나님은 우리에게 다가오셔서, 우리와 친밀해지시고, "모든 이름 위에 뛰어난 이름"(빌 2:9)을 계시하셨다. 이는 우리가 우리 임의대로 행하도록 내버려진 존재가 아니라는 것을 온 세상에 기쁘게 증언할 수 있게 하시려는 것이다. 하나님이 자신의 이름을 드러내시면서 우리에게 먼저 다가오셨기에 우리가 하나님에게 다가갈 수 있는 방편이 주어졌다는 사실을 우리는 기쁜 마음으로 온 세상에 증언한다. 우리는 하나님의 이름을 부르는 것이 무엇을 의미하는지를 드러내는 삶을 살아 내야 한다.

> 하늘에 있는 자들과 땅에 있는 자들과 땅 아래에 있는 자들로
> 모든 무릎을 꿇게 하시고,
> 모든 입으로 예수 그리스도를 주라 시인하려
> 하나님 아버지께 영광을 돌리게 하셨느니라(빌 2:10-11).

문제는, 최근 들어 "하나님"은 우리의 체험이 아니라 우리에게 주어진 고유한 이름이라는 사실을 망각한 것 아닌가 하는 점이다. "하나님"이라고 하면 우리는 어떤 이름을 떠올리기보다는, 모호하며, 이른바 인간의 보편적 경험("모든 사람은 하나님을 믿는다")이라는 착각에 빠질 정도로 혼란스러운 상태에 있다. "하나님"은 그리스도인들이 삼위일체―성부, 성자, 성령―로 부르도록 명령받은 이름이다. 오랜 시간 동안 숲속을 산책하거나, 두 팔로 나무를 품거나, 영혼을 깊이 탐

구하거나, 방 안에서 묵상하거나, 자기 내면의 아이와 접촉한다고 알 수 있는 이름이 아니다. 이 하나님은 오직 계시에 의해서 알 수 있을 뿐이다. 이것 외에 "하나님"이라는 이름을 알 수 있다는 주장은 우상숭배며, 그래서 제1계명은 바로 이같은 우상숭배에 대해 우리에게 경고했던 것이다.

> 보라, 처녀가 잉태하여 아들을 낳을 것이요
> 그의 이름은 임마누엘이라 하리라(마 1:23).

한 성경공부 모임에서 참가자들이 레위기 연구에 관한 과제를 받았다. 참가자 중 한 사람인 어떤 젊은 동성애자가 성경에 관해 토론하던 중 이런 말을 했다. "제 성적 취향이 남다르다보니 저로서는 레위기를 읽는 게 언제나 부담스러운 일이었죠. 아시겠지만 레위기는 동성애를 허용하지 않거든요. 그런데 레위기가 허용하지 않는 것이 이것 말고도 많더군요! 레위기를 보니까 음식 만드는 법, 음식 먹는 법, 농장 동물들을 다루는 법에 대한 규칙들이 나와 있더군요. 하나님이 집안에서 일어나는 이런저런 소소한 일에 어쩌면 그렇게도 세심한 관심을 기울이시는지 놀랍기만 해요. 대체 어떤 신이 성생활, 심지어는 저녁식사 준비까지 관심을 갖겠어요?"

젊은 동성애자의 고백에는, 우리의 하나님이라 불리는 것을 부끄러워하지 않으시는 이 하나님이 독특한 분이시라는 놀라운 깨달음이 있다.

윤리적인 인간이 되기 위해 노력하는 것에서가 아니라 이러한 하나님을 만나며, 삼위일체 하나님을 예배하도록 부름받은 것에서 기독교 윤리가 시작되기 때문에, 우리는 율법과 복음을 별 어려움 없이 엄격히 구분하는 사람들을 따르지 않는다. 우리는 유대교와 기독교를 구분하기 위해 율법과 복음을 대비시켰던 바울을 그대로 따른다고 하는 사람들을 의심해 봐야 한다. 우리는 예수님이 유대교 "율법주의"의 굴레에서 우리를 해방하여 그리스도인으로서의 "자유"를 만끽하도록 하기 위해 오셨다고는 믿지 않는다.

  율법을 사랑하는 마음에서 계명을 지키는 유대인을 "율법주의자"라고 하는 것은 그들을 모독하는 것이다. 이스라엘에 있어 율법은 복음, 곧 하나님이 은혜 가운데 율법을 통해 하나님 자신과 자신의 길을 계시하셨다는 기쁜 소식이다. 이는 그리스도인이 "율법"에 반대하기 때문이 아니라 하나님이 율법에서 하신 약속을 그리스도가 성취하셨다고 믿기 때문이다. 바울이 율법 아래 사는 것을 반대한 것은 율법의 모든 요구를 그리스도가 충족시키셨다고 확신했기 때문이었다. 그리스도인과 유대인들의 십계명 해석은 분명 서로 다르지만 율법과 복음이 전통적으로 대비되는 그런 방식으로는 아니다. 사람들은 유대교와 기독교의 차이를 흔히, 유대교는 심판의 종교이고 기독교는 은혜의 종교, 유대교는 율법을 강조하는 반면 기독교는 사랑을 강조한다고 설명하곤 한다. 십계명의 특징을 이처럼 이분법으로 설명하는 것은 잘못이다.

  하나님의 율법 안에 우리의 생명이 있기에 이 율법을 지키는 것보다 행복한 것은 없다고 이스라엘은 가르쳤다. 율법을 지키는 것은 하나님의 창조 계획에 부합되는 삶을 사는 것이며 그렇게 할 때 비로소 우리는 참된 행복을 누린다. 우리를 자본주의자들이 득실대는 소비지향적인 사회로부터 해방시켜 줄 가장 확실한 길은, 우리를 우리 자신에게 매여 있는 처지에서 해방시켜 줄 참된 것을 찾는 것이다.

> 여호와의 율법은 완전하여
> 영혼을 소성시키며,
> 여호와의 증거는 확실하여
> 우둔한 자를 지혜롭게 하며,
> 여호와의 교훈은 정직하여
> 마음을 기쁘게 하고,
> 여호와의 계명은 순결하여
> 눈을 밝게 하시도다.
> 금 곧 많은 순금보다
> 더 사모할 것이며
> 꿀과 송이꿀보다 더 달도다(시 19:7-8, 10).

기독교의 기쁜 소식인 복음은 나사렛 예수가 자신의 삶과 가르침, 죽음과 부활을 통해, 그리고 그분의 영이신 성령의 연속적인 사역을 통해 하나님에 대한 완전한 순종을 이루셨다는 주장이다. 우리는 제2계명이 예수님을 가리킨다고 믿는다. 그렇기 때문에 "예수님의 이름으로" 기도할 때 우리는 하나님의 이름으로 기도하는 것이다. 제3계명에서 안식일은 예수님의 부활로 이어져 갱신되었고, 그로 인해 시간을 이해하는 방식이 바뀌게 되었다. 따라서 이제 쉼을 누리는 안식일은, 하나님의 창조 계획이 예수 안에서 회복되듯, 예수님의 부활로 인해 온전하게 되었다.

　마찬가지로, 형상을 만들지 말라는 제1계명은 그리스도인들에게 예수 안에서 성육신하신 하나님을 통해 재구성되었다. 그런 이유로 그리스도인들은 모든 형상을 금하지 않는다. 왜냐하면 성육신하신 하나님께서 우리의 예배를 요구하시는 이를 창조 세계가 어떻게 증언하는지 새로운 경륜 가운데 펼쳐 보이셨기 때문이다. 그리스도인들과 유대인들의 십계명 해석 방식은 많은 부분 중첩되지만, 이야기─베들레헴, 골고다, 빈 무덤─를 읽어 내는 방식은 다르다.

　그러한 이야기는 우리에게 십계명이 그저 "~하라" 또는 "~하지 말라"는 규칙들이 나열된 짧은 목록이라는 생각은 버리라고 말한다. 계명들의 첫째 관심사는 우리가 어떤 사람이 되어야 하는지와, 예수 이야기를 토대로 형성된 백성들이 어떤 행동 양식을 드러내야 하는지에 있다. 윤리란 "무엇을 해야 하는가?"가 아니라 "하나님께서 예수가 되어 이 세상에 침투하셨으니 어떤 존재가 되어야 하는가?"임을 계명들은 우리에게 계속해서 일깨운다. "어떻게 할 것인가?" 같은 질문은 그런 이야기를 배경으로 할 때만 이해할 수 있게 되는 것이다.

　우리는 우리의 존재(being)와 우리의 행위(doing)를 엄격하게 구분해서는 안된다. 존재와 행위는 쌍방향 길이기 때문이다. 십계명을 준수할 때 우리는, 자신이 바라던 그 이상의 존재가 되기도 한다. 우리가 십계명을 준수할 힘은 예배시간에 하나님의 이름을 부름으로써 우리 안에서 일어나는 하나님 사랑에서 전적으로 도출되기도 한다. 그러므로 주님의 이름을 망령되게 부르지 않는 일은 먼저 사도신경을 낭독하는 일에서, 그리고 은혜 가운데 위험을 감수하면서까지 자신의 이름을 알려주심으로 우리를 먼저 사랑하신 하나님을 경외한다는 사실을 상기하는 일에서부터 시작한다. 사도신경 낭독으로 신앙을 고백할 때 우리는, 우리 자신의 정체성을 말할 뿐 아니라 그 정체성을 구체화하는 행동을 하는 것이다.

주님의 이름을 망령되이 일컫지 않는다는 것은, 하나님과 우리 자신과 상대방에게 진실을 말하기로 작정한다는 뜻이다. 그렇기 때문에 우리의 기도는 정직해야 한다.

> 아버지여, 만일 할 만하시거든 이 잔을 내게서 지나가게 하옵소서. 그러나 나의 원대로 마옵시고 아버지의 원대로 하옵소서(마 26:39).

우리는 하나님과 상대방에게 진실을 말하는 훈련을 끊임없이 해야 한다.

> 오, 거룩하고 자비로우신 하나님,
> 우리가 항상 순종의 멍에를 스스로 짊어지지 않았음을 고백합니다.
> 주님의 온전하신 뜻을 찾으며 그 뜻을 기꺼이 행할 마음 또한 없었음을 고백합니다.
> 우리는 온 맘과 정신과 뜻과 힘을 다해 주님을 사랑하지 않았습니다.
> 우리의 이웃을 우리 자신과 같이 사랑하지도 않았습니다.
> 주님은 우리를 부르셔서 곤궁에 처한 형제, 자매를 돌보라고 하셨습니다. 그러나 우리는 못들은 체하고 발걸음을 계속 옮겼습니다.
> (고백기도, 연합감리교회 예배서, 1972, p.474)

루터는 자신의 「대요리문답」에서 "하나님의 이름을 걸고 거짓말하거나 사실과 다른 것을 주장하는 것"(p. 17)은 그분의 이름을 망령되게 부르는 것이라고 했다. 그리스도인은 삶과 말이 진실해야 한다. 우리는, 입을 열 때마다 거의 매번, 하나님이 중요한 존재가 아니라는 듯, 하나님의 이름을 받았음에도 우리 가운데 결정적인 그 어떤 일도 일어나지 않은 듯 말한다. 우리가 하나님께 드리는 말씀과 이웃에게 하는 말은 단정치 못하게 된다. 우리는 사탕발림을 하며, 지나치게 말을 많이 한다. 하나님의 선지자들은 오래 전에 그러한 거짓 선지자들, 곧 "귀가 가려워"(딤후 4:3)진 사람들의 비위를 맞추며, 평강이 없는데도 "평강하다"라고 외치는(렘 6:14) 아첨꾼들에 대해 한탄했다. 바울은, 말은 부드러우나 내용이 없는 거짓 설교자들을 비난했다. 바울은 그들을 "말만 번지르르한 사람"이라 불렀다. 하나님을 우습게 보는 언사가 난무하자 몇몇 예언자들은 "말씀을 듣지 못한 기갈"(암 8장)—우리의 불성실한 언사에 넌더리나신 하나님이 점점 더 침묵하시는—이 닥칠 것이라고 예언했다.

 주님의 이름을 망령되게 부른 것에 대한 벌을 받고 있기 때문에 오늘날 교회와 교회를 대변하는 사람들이 해야 할 말을 잃은 것은 아닐까. 혀를 잘 다스리는 훈련을 하지 않은 사람들에게 하나님이 하실 말씀이 없는 것은 당연하다.

 너는 하나님 앞에서 함부로 입을 열지 말며
 급한 마음으로 말을 내지 말라.
 하나님은 하늘에 계시고 너는 땅에 있음이니라.

그런즉 마땅히 말을 적게 할 것이라(전 5:2).

많은 사람들이 살만 루쉬디의 소설을 "신을 모독하는" 작품이라고 비판한 이란 종교 지도자의 칙령에 의아해했다. 이슬람교에 문외한인 우리는 그러한 비판의 옳고 그름을 판단하기 어렵다. 하지만 그 종교 지도자가 그런 칙령을 내린 것에 대한 대다수의 반응은 많은 그리스도인들이 신성모독을 더 이상 중요한 문제로 여기지 않게 되었음—이런 생각 자체가 신성모독이다—을 보여주고 있다는 것이다. 신성모독이란 하나님을 우리가 하는 여러 거짓말 중 하나로 만드는 언사이며, 더 이상 신성모독이라는 이유만으로는 분노를 느끼지 못할 만큼 우리의 신앙이 무뎌졌음을 보여주는 징후이기도 하다. 토마스 아퀴나스(Thomas Aquinas)의 말처럼, 하나님의 이름으로 맹세한다는 것은 하나님을 증인으로 삼는 것이기 때문에, 우리가 거짓 맹세를 하면 우리 이웃은 하나님이 우리의 거짓말(시 5:6에 나오듯, 하나님은 거짓말을 미워하신다)을 기뻐하신다는 인상을 받게 된다.

신성모독이란 국립예술 기금재단에서 십자가를 변기에 떨어뜨리는 예술가에게 보조금을 지급하는 행위만이 아니라, 제2차 세계대전 당시 독일 병사들이 "하나님은 우리와 함께 하신다"(Gott mit Uns)라는 구호가 새겨진 군복을 입고 전쟁을 벌인 작태이기도 하다. 두 사례 모두 주님의 이름을 망령되이 부르며, 하나님의 선하신 이름을 우리의 죄라는 진흙탕 속에 빠뜨리는 것이기 때문에 신성모독이다. 이라크를 공습하기 전에 우리에게 기도를 부탁했던 조지 부시의 행위도 신성모독일 뿐이다.

제2계명과 그리스도인의 삶

사람을 속이는 우리의 말 때문에 교회가 진실을 말하는 곳이 되지 못하는 경우가 허다하다. 오히려 교회는 진실보다 사람들의 귀를 즐겁게 해줄 거라 생각되는 것을 그들에게 들려주면서 그들의 비위나 맞추는, 유쾌한 모략이나 꾸미는 곳―그들 또한 우리에게 똑같이 대우해 줄 것으로 기대하면서―으로 전락했다. 익명의 알코올 중독자 모임(Alcoholics Anonymous)의 치유 프로그램에 참가했던 친구 하나가 교회로 돌아가지 않겠다고 했다. 이유인즉 그 모임의 회원들이 너무나 솔직한 것에 비해 교회는 말만 번지르르하게 늘어놓는 피상적인 모임으로 전락했기 때문이었다.

"제 형편이 그리 넉넉하질 않아서요."
"세금을 떼고 난 십일조를 드리도록 하지요."
"일이 힘들다 보니 성경 연구할 시간이 좀처럼 나질 않네요."
"낙태 말고는 달리 방법이 없었어요."
"완벽한 사람은 못되지만 적어도 저는 위선자는 아닙니다."
"우리 교회는 모든 인종이 한가족이라고 믿습니다."

제2계명을 주제로 한 뛰어난 설교에서 칼뱅은, 우리가 하나님에 대해서 뿐 아니라 그분의 모든 사역―심지어 날씨까지―에 대해서도 경건하게 이야기해야 한다고 말한다.

> 날씨가 화창하건 비가 내리건, 날씨 얘기를 할 때면 우리는 하나님이 장엄하신 분이라는 표지를 발견하게 됩니다. 날씨가 궂다는 것

은 하나님이 자신을 심판자로 계시하셔서 우리로 하여금 그분이 진노하셨음을 알게 하시려는 것이며, 나아가 우리 자신의 죄를 점검하고, 죄로 인해 애통해하며, 회개하도록 만드시기 위해서입니다. 하나님 앞에서 자신을 낮추며 그분에게 지은 죄로 인해 가슴 아파하는 대신, 경멸로 가득 찬 사람을 우리가 흔히 보게 되듯이, 우리가 화를 낸다면 이처럼 궂은 날씨가 오랫동안 지속되는 것이 마땅하지 않을까요? 그래도 우리는 하나님께 나아가 죄를 용서해 달라고 빌지 않습니다. 그 밖의 다른 경우들을 보더라도 사정은 마찬가지입니다. (십계명 설교, p. 94)

날씨에 대한 불평은 그만두라는 칼뱅의 당부가 "조금 심하지 않나" 싶다면 이는 우리의 삶이 전적으로 하나님의 생명에 의해 결정된다는 것을 우리가 쉽게 받아들이지 않는다는 반증이다. 우리는 자신이 창조물이 아니라 창조자라고 되뇌면서, 창조주가 계시지 않는 것처럼 살아간다. "이 천벌 받을 놈"(God damn you)이라는 저주는 우리가 바라는 대로 하나님이 영원히 저주하실 것이라는 의미를 함축하고 있다는 점에서, 말 그대로 하나님의 이름을 망령되게 부르는 것이다. 그럴 경우 우리의 "윤리"는 마치 하나님이 계시지 않거나 우리가 우리 자신의 신이라도 된 듯 자율적으로, 자립하려고 하는 또 다른 수단이 된다.

    자신의 이름을 함부로 사용하는 사람들을 벌하시겠다는 그분의 약속은 기쁜 소식이다. 왜냐하면 하나님의 삶에서 우리가 중요하다는 것을 의미하기 때문이다. 그렇게도 바라던, 모든 이름 위에 뛰어나신 이름이 우리에게 주어졌다. 그러므로 이제 우리는, 우리 자신을

"이성애자"(異性愛者)나 "애국자"나 "자수성가한 사람"보다는, 세례를 받아 그리스도의 이름을 따라 그리스도인이라 불리게 된다. 하나님이 허황된 자부심 이면에 숨겨진 우리의 허위를 드러내시려고 예수의 십자가에서 우리 자신에 관한 진실을 일러주실 만큼 우리를 전적으로 신뢰하셨듯이, 교회에서 진실을 말하게 되면 우리는 지체들의 미움을 받기보다는 오히려 그 진실에 귀 기울이는 사람으로 신뢰받게 된다. 대다수 사람들은 자신이 괜찮은 사람이어서, 사람들을 불편하게 만들고 싶어하지 않기 때문에 진실을 말하지 않는다고 한다. 대부분의 거짓말 이면에 상대방에 대한 관심이 아닌 자신에 대한 관심이 놓여 있는데도 우리는 진실을 말하기보다 상대방을 배려해 주는 멋진 사람이라고 생각한다. 그래서 의사들은 환자들에게, 환자들은 의사들에게 너무도 쉽게 거짓말을 한다. 마찬가지로 설교자는 과장하거나 축소해서 회중들에게 말하고 회중은 달콤한 말씀을 전하는 설교자들을 칭송한다. 이렇게 우리는 제자도를 실천하는 사람이 아니라 속임수에 능한 사람으로 전락한다.

우리 책 「나그네 된 거류민」(Resident Aliens)이 출간되자 독자들로부터 편지가 쇄도했는데, 사도행전 5장에 나오는 아나니아와 삽비라의 이야기가 현대인들의 삶과 무관하지 않다는 우리의 대범한 주장에 분노를 나타냈다. 우리가 아나니아와 삽비라 이야기에 매료되는 것은, 그 이야기가 (무수히 많은 교회 모임이 따분하기 이를 데 없을 때) 흥미로운 교회 모임에 대해 보고해 줄 뿐 아니라, 이름만 대면 알 만한 초대 교회의 두 신자에게 하나님이 격노하셔서 모임 중에 그들의 혼이 떠나가게 하시고 모임이 파하기도 전에 그들의 시신을 메고 나가장사하게 하셨기 때문이다.

　흥미로운 사실은, 아나니아와 삽비라를 마주한 베드로가 그들을 책망한 것이 탐욕이나 물질주의 때문이 아니라 거짓말 때문이었다는 점이다. 게다가 교회 지도자들을 속였기 때문이 아니라 하나님을 속였다는 이유로 그들이 책망받았다는 사실이다(행 5:5). 베드로의 주장은 정확한 지적이었다. 교회를 속이는 것은 하나님을 속이는 것이다. 이 이야기가 "온 교회와 이 사건을 듣는 사람들은, 모두 크게 두려워하였다"(행 5:11)로 끝나는 것은 놀랄 일이 아니다!

　오늘날의 많은 교회는 거짓말했다고 해서 사람이 죽었다는 이야기를 믿지 않는다. 즐거움을 위해서라면 우리는 그리스도의 몸된 교회마저 기꺼이 희생시키려고 한다. 우리가 이처럼 아름다운 성경 본문을 「나그네 된 거류민」에서 다루면서 강조하고 싶었던 이유는, 이 이야기에서 하나님의 이름에 걸맞은 참된 공동체가 되는 것이 생사에 관한 문제라고 생각했기 때문이다. 또한 그렇게 믿는 교회에 참여하는 것만큼 생명력을 주는 일이 없기 때문이다.

　제2계명을 접하는 순간, 예수님이 산상설교에서 말씀하신 다음 대목이 떠올랐을지도 모르겠다.

　또 옛 사람에게 말한 바 헛맹세를 하지 말고 네 맹세한 것을 주께 지키라 하였다는 것을 너희가 들었으나 나는 너희에게 이르노니 도무지 맹세하지 말지니, 하늘로도 말라 이는 하나님의 보좌임이요, 땅으로도 하지 말라 이는 하나님의 발등상임이요, 예루살렘으로도 하지 말라 이는 큰 임금의 성임이요, 네 머리로도 하지 말라 이는 네가 한

터럭도 희고 검게 할 수 없음이라. 오직 너희 말은 옳다 옳다, 아니라 아니라 하라. 이에서 지나는 것은 악으로부터 나느니라(마 5:33-37).

예수님은 당신의 제자들에게 어떤 맹세나 서약도 금지하신 것인가? 메노파교도(Mennonite)나 퀘이커교도(Quaker) 같은 그리스도인들은 그렇다고 생각했다. 제2계명 아래서의 삶 전체가 신뢰할 만한 맹세이기 때문에 그리스도인들은 굳이 맹세할 이유가 없다. 그리스도인들에게 하나님을 걸고 맹세하라고 요구하는 것은 부질없는 짓이며, 그것은 주님의 이름을 하찮게 여기는 것이다. 그리스도인들이 하는 모든 말이 주님을 두려워하는 가운데 나오는 것이기 때문이다.

칼뱅(John Calvin)은 아주 극단적인 경우에 한해서만 맹세할 수 있다고 말한다. 그는 우리가 소박한 언어를 사용하도록 애써야 하며 하나님의 이름을 입에 올릴 때에는 더더욱 그러해야 한다고 강조한다.

> 우리는 언제나 이 규칙을 따릅시다. 즉, 우리가 하나님의 이름을 망령되이 일컬을 때는 아무리 이로운 것이라도 결국은 사악한 것이요 율법의 저주를 받을 일임을 확신하면서, 그저 "그렇습니다"라고 말해야 한다는 규칙을 따릅시다. 그리고 헛되이 하는 모든 맹세와 하나님께 합당한 영광을 드리지 않는 모든 맹세에는 두 가지 악이 있음을 우리는 알 수 있습니다. 왜냐하면 하나님의 이름을 경솔하게 그리고 함부로 사용한다는 것은 자신이 무슨 말을 하고 있는지 별로 신경 쓰지 않는다는 표시이기 때문입니다. 그리고 그것이, 거짓말과 사기를 밥 먹듯이 하는 사람들이 상대방에게 말을 할 때 어느 누

구도 그들의 말을 신뢰할 수 없다는 사실에서 비롯되지 않는다면 대체 어디에서 비롯되는 것일까요? 사실상 그것은 외고집과 악의로부터 나오는 것입니다. 왜냐하면 하나님이 우리에게 혀를 주신 것은 상대방과 의사소통을 하라는 목적도 있기 때문입니다. 혀는 마음의 심부름꾼과 같습니다. 우리는 혀를 이용해 마음속에 품은 생각을 표출합니다. 따라서 우리는 헛되이 하는 맹세가 인간의 불성실에서 나온 것임을 알 수 있습니다. 그리고 이 문제는 더 이상 탐색하거나 철저하게 살펴볼 필요가 없다고 봅니다. 왜냐하면 우리 각자가 그것을 입증할 수 있기 때문입니다. 사정이야 어떻든 하나님이 명하신 대로〔우리의 혀〕를 절제하면서 사용합시다. 그러므로 우리는 뚜렷한 목적이 없거나 요청받지 않았을 때는 맹세하지 않도록 합시다. (십계명 설교, pp. 87-88)

언어의 소박함은 참되신 하나님을 인정할 때 습득되는 기술이다. 그것은 혀를 다스리기 위해 애를 쓴다고 해서 얻을 수 있는 것이 아니다. 그것은 세상이 우리의 능수능란한 화술 때문이 아니라 하나님 때문에 유지된다고 끊임없이 가르치는 공동체에 참여할 때 얻을 수 있는 것이다. 말이 넘쳐나고, 상업방송과 광고, 갖가지 기자회견, 정당의 성명서가 끊임없이 쏟아져 나오며, 고속정보의 데이터가 폭발적으로 늘어나는 사회에 살고 있는 우리는, 다변(多辯)의 환상 속에서 정신을 잃곤 한다. 정치가들이 거짓말하는 것은 그들이 악하기 때문이 아니라 우리들이 그런 종류의 말을 듣고 싶어하기 때문이다. 정치 토론은 30초짜리 핵심 연설로 축소된다. 현 상황을 있는 그대로 연출한다면 참을 수 없기 때문이다.

교회는, 거짓 언어가 난무하는 사회에서 우리가 서로 나누는 대화를 통해 많은 것을 증언할 수 있다. 우리가 제단 앞에서 하나님께 진실하게 아뢴다면 회의에 참석해서도 서로 진실하게 이야기할 수 있을 것이다. 우리의 언어신학은 우리의 교회신학에서 비롯된다. 모든 이야기가 지향하는 목표가 바로 교회다.

> 그런즉 거짓을 버리고 각각 그 이웃과 더불어 참된 것을 말하라. 이는 우리가 서로 지체가 됨이라. 무릇 더러운 말은 너희 입 밖에도 내지 말고 오직 덕을 세우는 데 소용되는 대로 선한 말을 하여 듣는 자들에게 은혜를 끼치게 하라. 그러므로 사랑을 받는 자녀같이 너희는 하나님을 본받는 자가 되고 그리스도께서 너희를 사랑하신 것같이 너희도 사랑 가운데서 행하라. 그는 우리를 위하여 자신을 버리사 향기로운 제물과 희생제물로 하나님께 드리셨느니라(엡 4:25, 29; 5:1-2).

한 청소년 지도자가 이렇게 말한 바 있다. "아이들을 데리고 수련회나 선교여행을 갈 때 우리는 한 가지 중요한 규칙을 세웁니다. 그것은 모든 대중매체를 일절 금지한다는 것입니다." 모든 대중매체를 금한다? 잡지, 라디오, 텔레비전, MP3, CD플레이어도 안된다는 것이다. "아이들에게서 매체에 대한 관심을 끊게 하는 데는 최소한 24시간이 걸립니다. 그런 다음에야 비로소 프로그램을 진행할 수 있습니다." 그녀의 말을 들으면서 우리는 마약을 끊는 것에 대해 말하고 있는 것

같다는 생각이 들었다.

　신학교에서 우리는 설교가 죽었으며, 텔레비전의 화려한 연예 프로그램 앞에 그 힘을 못 쓰고 있다는 말을 들었다. 그러나 몇 년 전 텔레비전이 시청자에게 미치는 영향력에 대한 연구 결과가 나오면서 이러한 우려는 자취를 감췄다. 이제 사람들은 텔레비전을 보면서 "굉장하네!"라고 생각하지 않고, "거짓말이네"라고 생각한다. 텔레비전에 속은 경험이 많아지다보니 이제 시청자들도 텔레비전으로부터 자신을 방어하기 시작한 것이다.

　지금이야말로 설교의 신성함을, 교회가 재발견할 수 있는 기회다. 그것은 인간이 분연히 일어나 단순하면서도 솔직하게 그리고 사랑 안에서 진실을 말하도록 교회와 하나님으로부터 권한을 부여받았다는 경이로운 사실 때문이다.

　심슨(O. J. Simpson)이 무죄로 석방된 후, 우리 중 한 사람이 설교시간에 미국의 법 체계를 신랄하게 풍자하고 조롱했다. 교회에 출석하던 한 변호사가 그 담임목사에게 말했다. "우리 법조인들은 그런 비난을 받아 마땅합니다. 저는 법조인들을 조롱할 만큼 배짱이 두둑한 교회가 아직도 있다는 것에 대해 하나님께 감사할 뿐입니다! 아무쪼록 계속해서 진실을 말해 주십시오!"

　정말이지, 그렇게 되었으면 좋겠다.

　미국이 이라크와 전쟁을 치르는 기간에 사우스캐롤라이나의 한 작은 장로교회에 출석하던 어느 여신도가 담임목사의 설교 테이프를 우리에게 보내준 적이 있다. 그녀는 이라크 전쟁을 비난하고, 회개를 촉구하는 그 목사의 설교를 우리가 경청하기를 바랐던 것이다.

"저희는 거의 매 주일 이런 설교를 듣는답니다." 그녀는 자랑스럽게 말했다. "주변의 다른 교회에서 이런 설교를 듣기는 쉽지 않을 거예요. 저희 교회에 오셔서 목사님의 설교를 들어보세요."

하나님의 이름을 바르게 사용하는 법을 충실하게 배웠기 때문에, 해야 할 일과 해서는 안되는 일에 적절한 이름을 붙일 수 있는 그런 공동체의 일원이 된다는 것은 놀라운 선물이 아닐 수 없다.

3

안식일을 기억하여 거룩하게 지키라. 엿새 동안은 힘써 네 모든 일을 행할 것이나 일곱째 날은 네 하나님 여호와의 안식일인즉 너나 네 아들이나 네 딸이나 네 남종이나 네 여종이나 네 가축이나 네 문안에 머무는 객이라도 아무 일도 하지 말라. 이는 엿새 동안에 나 여호와가 하늘과 땅과 바다와 그 가운데 모든 것을 만들고 일곱째 날에 쉬었음이라. 그러므로 나 여호와가 안식일을 복되게 하여 그 날을 거룩하게 하였느니라. _출 20:8-11

제3계명
안식일을 기억하여 거룩하게 지키라

근로자들의 노동 시간은 십년 전에 비해 더 늘어났다. 우리는, 하면 된다는 정신을 가진 국민이다. 이 말은 제3계명이 현세의 문화에 정면으로 대항하는 것임을 의미한다. 우리 그리스도인들은 주일마다 문화와 일정 거리를 유지하는 것이 얼마나 중요한지를 깨달아야 한다. 안식일이란 그저 잠시 쉬는 것이 아니라 시간을 온전히 내는 것, 하나님의 이름으로 시간을 내는 것이다. 이는 시간이 우리 것이라고 착각하고 있는 세상을 향한 중대한 도전이다.

지난 해 웰즐리대학은 종교 다양성, 종교 다원주의에 대한 토론을 개최했다. 여러 종교 대표자들이 타종교에 대한 이해의 폭을 넓히고자 모여들었다. 토론은 주일오전 11시에 시작되었다. 기독교 지도자들이 별다른 불편함을 느끼지 못하고 그 자리에 참석했다는 것은 우리가 현대 문화에 얼마나 깊이 물들었는지, 무엇보다도 그리스도인들을 흥미로운 이해 대상으로 만들어 줄 독특한 정체성을 얼마나 잃고 있는지를 보여주는 표지였다. 부끄러운 고백이지만, 우리가 함께 재직하고 있던 듀크대학의 졸업식도 주일에 열린다.

시간은 우리 것이 아니다. 생명과 마찬가지로 시간도 하나님이 주신 선물이다. 따라서 우리는 그것에 대해 하나님께 책임의식을 가져야 한다. 시간, 해, 달, 사계절을 지으시고, 우리에게 시간을 주신 하나님은 우리가 시간을 어떻게 사용하는지, 우리 자신을 어떻게 시간에 내맡기는지 깊이 관심을 두신다. 따라서 제3계명은 나머지 계명들보다 더 길다. 하나님께서 이 계명을 창조 이야기 가운데 두셨기 때문이다.

안식일은 이스라엘의 독특한 정체성을 확인할 수 있는 주된 방식이다. 안식일을 "기억하는" 것은 어떤 생각을 회상하는 것 이상이다. 그것은 우리의 삶을 그 계명의 큰 틀에―제3계명 자체가 예배의 한 형태임을 상기시키는―맞추는 것이기도 하다. "예배"와 "윤리"는 별개가 아니다. 왜냐하면 하나님께서 우리에게 하나님을 신실하게 예배할 시간을 주셨기 때문이다.

창세기에 의하면 노동은 저주, 곧 타락한 세상에서 살아갈 때 맞닥뜨리는 괴로움과 역경으로 묘사되어 있다(창 3:17-20). 힘들고 고된 노동은 창조 세계를 향한 하나님의 뜻이 아니었다. 그분의 뜻은 살기 좋은 낙원이었다. 우리의 원죄로 인해 하나님이 얻으신 것은 고된 노동을 해야만 열매를 맺을 수 있는, 가시덤불과 바위와 먼지로 가득한 세상이었다.

그러므로 안식일은 하나님이 인간에게 주신 큰 선물이다. 예수님은 "안식일이 사람을 위하여 생긴 것이지, 사람이 안식일을 위하여 생긴 것이 아니다"(막 2:27)라고 하셨다.

안식일의 근거는 하나님 자신도 창조 사역을 마치신 후 하루를

쉬셨다(창 2:2)는 사실에 기인한다. 때문에 안식일은 창조 사역의 목표다. 이 말은 안식일을 지키는 것은 이스라엘을 위한 것만이 아니라 온 세상을 위한 것이기 때문에 동물들과 이방인들까지도 안식일을 즐겨야 한다는 뜻이다. 나아가, 안식하시는 하나님은 자신이 지으신 세상이 보시기에 좋으며 질적으로도 완벽하다고 암시하셨다는 점에서 안식일은 창조 사역과 관련이 있다. 하나님이 지으신 모든 것을 보시고 "좋았다"(창 1:10, 31)라고 말씀하셨을 때, 그분은 자신의 주권을 만끽하신 것이다. 하나님이 사실상 "나 여호와는 나의 주권이 조금도 손상되지 않으면서 세상과 그 세상에 거할 아름다운 피조물들을 창조할 수 있다"라고 말씀하신 것이다. 우리의 삶 한가운데는 노동과 안식, 활동과 성찰이 이처럼 아름답게 어우러져 있다. 따라서 안식일을 지키는 것은 하나님이 이 세상에 원하신 노동 방식과 보조를 맞추는 것일 뿐 아니라, 하나님이 의도하시는 즐거운 삶의 방식에 우리가 호응하는 "재창조"이기도 하다. 안식일은 일하지 않는데서 오는 기쁨이라기보다는 오히려 온전한 일, 일의 목적 그 자체라고 할 수 있다.

창조의 일곱째 날을 안식일이라고 일컫는 것은 십계명이 단순히 "도덕"에 관한 것일 뿐 아니라 사물의 존재 방식에 관한 주장을 내포하고 있다는 뜻이다. 이 세계의 실상을 제대로 알기 위해 우리는 하나님을 예배해야 한다. 그리고 하나님을 예배한다는 것은, 서로 진실을 말해야 하는 이유를 이해하는 것이다. 진실하게 말하지 않는 것은 우리의 참된 본성, 곧 은혜의 하나님이 우리에게 선물로 주신 생명을 소유한 창조물로 살아가지 않는다는 것을 의미한다.

이렇게 안식일을 이해할 때 안식일은 우주적인 성격을 띠게 되고 부활 또한 그렇게 된다. 예수님의 부활로 인해 시간이 변화되었다는 사실은 부활에 대한 주관주의자(subjectivist)의 설명—부활이란 예수의 제자들의 기억 속에 살아 있다는—이 옳지 않다는 뜻이다. 오히려 부활은 시간의 재편성(reordering), 곧 창조 세계가 죄와 죽음으로부터 구속받았음을 이야기한다. 우리는 이제 부활에 비추어 십계명을 해석할 수 있기에, 부활에서 시작된 새 시대의 경륜 아래 십계명은 생명의 수여자가 된다. 이 세상은 우리가 고군분투할 문제가 아니라 하나님의 문제다. 우리가 올바르고, 비폭력적으로 사는 것이 세상 사람들에게는 "비생산적"인 것으로 보인다 하더라도, 그리스도인들은 그런 삶을 살아야 한다.

안식일 지키기는, 하나님이 이 세상을 다스리시기 때문에 세상을 바로 잡기 위해 우리가 애쓸 필요가 없다는 신앙고백이다. 하나님은 우리의 수고를 환영하시지만 창조 세계에 대한 우리의 기여에는 한계가 있다. 하나님조차 자신이 안식하더라도 세상은 잘 돌아갈 것이라고 확신하실 만큼 하나님의 창조는 완벽했다. 우리는 그리스 신화에 나오는 아틀라스와는 달리, 이 세상을 우리 어깨에 짊어질 필요가 없다. 우리가 하나님처럼 하루 쉰다고 해서 이 세상이 어떻게 되는 것은 아니기에 하루쯤 사무실을 비워도 괜찮다.

안식하는 것이 하나의 윤리적 행위라고 말하면 이상하게 들릴지도 모르겠다. 하지만 우리가 줄기차게 일만 하고 애쓴 결과 이 세상이 얼마나 황폐화되었는지 생각해 보라. 우리는 조직하고, 계획하고, 진보하고, 건설하기에 바쁘다. 바벨탑은 인간의 분주함의 산물일 때가 빈번하며(창 11장), 갈보리 역시 마찬가지다. 안식일이 되면 우리는 하던 일을 멈추고 현재 상황을 점검한다. 안식일이 되면 우리는 영원하신 팔을 의지할 뿐 아니라, 또한 우리를 버리지 않으시며 혼돈으로 두렵게 하지 않겠다고 하신 하나님의 약속을 신뢰해야 한다. 사람이 안식하려면 하나님을 든든히 신뢰하는 것이 필요하다.

칼 바르트(Karl Barth)는 이 거룩한 날을 고찰하면서, 그의 확장된 기독교 윤리에 대한 논의를 다음과 같이 시작하고 있다.

> 안식일 계명은 나머지 모든 계명 혹은 한 계명의 다른 모든 형태를 설명하는 실마리가 된다. 때문에 이 계명은 십계명의 중심부에 위치한다. 인간에게 절제하라고, 하던 일을 잠시 멈춰 휴식하라고 요구하는 안식일 계명은, 인간을 지으시고 자신의 사역을 위임하시고 명령하시는 하나님이 예수 그리스도 안에서 인간에게 은혜를 베푸시는 하나님이시라고 설명한다. 따라서 안식일 계명은 인간으로 하여금 자신이 해낼 수 있고 또한 성취할 수 있는 모든 일에서 시선을 돌려, 하나님이 인간을 위하시며 또한 인간을 위해 행하실 일을 바라보게 한다. 안식일 계명은 하나님이 인간을 위해 계획을 세우셨고 이미 그 계획을 실행에 옮기셨을 뿐 아니라, 자신의 계시를 통해 인간과 더불어 자신의 뜻을 이루시며, 인간을 위해 인간을 향한 자신의 사역 또한 이루실 것이라는 사실을 인간에게 상기시킨다. 안식일 계명은, 창조주께서 인간 곧 그의 창조물에게 말씀하셨고 계속 말씀해 오셨고 마침내 명백히 인정하시며, 예수 그리스도 안에서 만유를 단번에 참되게 하셨고 또 참된 것으로 판명되신 "예"(the Yes)를 바라보게 한다. (교회 교의학 3/4, p. 53)

제3계명을, 나머지 모든 계명들을 이해하는 기준으로 삼은 바르트가 옳다. 이 계명은 우리가 하나님을 예배하는 가장 고상한 목적을 위해 지음받았음을 상기시킨다.

옛 「웨스트민스터 신앙고백」은 "인간의 으뜸가는 목적이 무엇입니까?"라고 묻고, "하나님을 영화롭게 하며 그분만을 영원히 즐거워하는 것입니다"라고 답한다.

우리의 삶이란, 은혜를 베푸셔서 우리를 존재케 하신 그분을 찬양하는 것이다. 안식일에 누리게 되는 쉼은 하나님이 지으신 모든 것이 심히 좋았음을 증명하는 것이다. 바르트의 말대로, "하나님을 경외하고, 그분이 하신 핵심적이며 의미 깊은 사역을 높이 평가한다면, 하던 일을 멈춰 휴식하거나, 의식적으로 중단하거나, 잠시 중지하는 것이 필요하다. 이렇게 하는 것은 하나님과 그분의 사역을 묵상하고, 그분이 친히 준비하셨기에 그분으로부터 기다려야 할 구원에 지속적으로 참여하기 위해서다"(교회교의학 3/4, p. 50).

안식일은 아무것도 하지 않는 것보다 훨씬 더 많은 의미를 담고 있다. 오늘날 우리는 안식일을 기억하고, 상기하고, 회상하고 또한 재창조하라는 명령을 받고 있다. 우리는 안식일을 지켜야 한다는 사실을 기억할 뿐 아니라 하나님이 어떤 분이신지—적극적으로 활동하시고 사랑을 베푸시고 우리의 행동과 초월적인 자원을 가지고 계시는 분—도 기억해야 한다. 우리는 우리 자신이 어떤 존재인지—우리의 노력과 성과에 비해 과분할 정도로 재능을 부여받았고, 보살핌과 축복을 받은 존재—를 기억해야 한다.

토마스 아퀴나스는 하나님이 우리에게 제3계명을 주신 이유 중 하나가 "미래가 되면 몇몇 작자들이 나타나 이 세상은 늘 존재해 왔다고 헛소리할 것이라 성령이 내다보셨기 때문"이라고까지 말했다. 이 세상은 하나님의 지속적인 보살핌이 없더라도 자신의 힘으로 충분히 운영될 것이라고 그들은 말할 것이다.

> 먼저 이것을 알지니 말세에 조롱하는 자들이 와서 자기의 정욕을 따라 행하며 조롱하여 이르되 주께서 강림하신다는 약속이 어디 있느냐. 조상들이 잔 후로부터 만물이 처음 창조될 때와 같이 그냥 있다 하니, 이는 하늘이 옛적부터 있는 것과 같이 땅이 물에서 나와 물로 성립된 것도 하나님의 말씀으로 된 것을 그들이 일부러 잊으려 함이로다(벧후 3:3-5).

하나님은 안식이시다. 안식은 삼위일체가 공유하시는 삶을 통한 하나님의 완벽한 활동일 뿐 아니라 참되신 하나님이 상처받기 쉬운 분이라는 증거이기도 하다. 세상의 권력들은 자신이 상처받기 쉽다거나 무언가 결핍되어 있다는 것을 결코 시인하지 않는다. 참되신 하나님은 조금도 흔들리지 않고 확고한 신명을 갖고 통치하시기 때문에 안식하기 위해 창조 사역에서 잠시 손을 놓으시더라도 별 문제가 없다.

따라서 안식일의 경제적 함의는 무척 크다. 안식일은 자신의 재물과 축적한 부로 인해 압박당하고 괴로워하는 부자들을 위해 존재한다. 안식일은 혹사당하는 빈자들을 위해 존재한다. 동물들에게도 휴식이 주어진다. 일주일 단위로 공동체는 노동의 모호성(ambiguity)을 주목하게 된다. 우리는 단 하루, 부자와 빈자 사이에 그리 큰 차이가 존재하지 않는 세상을 경험한다. 현대 사회에서는 부자들만이 일손을 놓을 수 있다. 가난한 사람들은 생존을 위해 일을 한다. 그러나 안식일이 되면 이 모든 것들이 수정되고 평가되고 또한 재조정되며, 경제 제도가 하나님의 뜻에 합당하게 편성된 것이 아님을 우리는 상기하게 된다. 우리는 자본주의나 사회주의를 만들지만 하나님은 안식일을 창조하시고 그것을 지키라고 명령하셨다.

앞서 살펴보았듯이, 안식일은 우리의 구원이 우주적 성격을 가진다는 사실을 주목한다. 하나님은 인간만이 아니라 창조 세계 전체, 나아가 동물들까지도 사랑하신다. 제3계명에 관한 한 인간은 동물보다 나을 것이 없다. 사실상 이 계명은 우리가 동물이며, 동물들과 마찬가지로 우리에게도 휴식이 필요함을 일깨운다. 창조 세계 전체를 향한 하나님의 계획, 그 중심에 휴식이 있다. 나머지 계명들도 그렇듯이, 제3계명도 이스라엘이 하나님의 명령을 구체적이고 일상적이며 평범한 사회 현실과 연결시키려는 강렬한 열망을 갖고 있음을 보여준다. 이 계명이 있기에 십계명은 하나님의 본질에 관한 선언에서 인간과의 관계로 관심사를 돌린다. 안식일 계명이 있기에 우리는 그릇과 냄비와 성이 있는 평범한 세상으로 들어가 이 세상을, 죽도록 일만 하는 곳이 아니라 하나님의 명령에 따라 적절한 관점을 갖고 바라볼 수 있는 곳으로 부르게 된다. 그렇기에 요한계시록은 우리의 삶의 목표가 하나님을 영원히 예배하고, 안식일을 지속하며, 거기서 모든 창조물들과 더불어 하나님의 어린양에게 찬송을 돌리는 것이라고 주장한다.

> 내가 또 들으니 하늘 위에와 땅 위에와 땅 아래와 바다 위에와
> 또 그 가운데 있는 모든 피조물이 이르되
> 보좌에 앉으신 이와 어린양에게
> 찬송과 존귀와 영광과 권능을 세세토록 돌릴지어다(계 5:13).

제3계명과 그리스도인의 삶

안식일은 시간에 관한 것이며, 시간을 초월하지 않고 그 안에서 활동하시는 하나님의 방식에 관한 것이다. 하나님은 우리에게 끊임없이 약속하시며, 그 약속들을 지키시면서 우리와 하나님의 관계를 미래로 투영하신다. 하나님은 우리의 현재를 자신이 과거에 우리를 다루신 것에 기초하면서 (제3계명에서처럼) 우리에게 기억하라는 분부를 지속적으로 내리신다. 그러므로 안식일의 목표는 우리로 하여금 시간을 초월해 어떤 영원 속에 잠시 머물게 함으로써, 우리를 시간의 속박에서 구하는 것이라기보다는 우리의 시간—과거, 현재, 미래—이 하나님의 시간에 구속되는 것을 상기시키는 데 있다.

아브라함 헤셸(Abraham Heschel)은 이 문제를 다음과 같이 설명한다.

> 유대교는 시간의 성화를 목표로 삼는 시간의 종교다. 공간 기질의 사람은 시간을 일정하고 반복적이고 동질적인 것으로 여기고, 모든 시간을 똑같은 것으로, 특징이 없는 빈 껍질로 여기지만, 성경은 시간의 다양한 특성을 감지한다. 똑같은 두 개의 시간은 없다. 모든 때

는 저마다 유일하며, 그 순간에 주어진 하나밖에 없는 때이며, 비할 수 없이 귀하다. 유대교는 우리에게 시간 속의 거룩함, 신성한 사건들에 애착심을 가지라고, 한 해의 장엄한 흐름에서 솟구치는 성스러운 순간들을 성화하는 법을 배우라고 말한다. 매주 맞이하는 안식일이야말로 우리의 대(大)사원이다. 우리의 지성소는 로마 사람들과 독일 사람들이 태워 없애지 못한 성역, 배교라는 것이 쉽게 말살하지 못한 성역이다. 그 성역은 다름 아닌 속죄일이다. 고대 랍비들은 인간이 회개할 때 인간의 죄를 벗겨 주는 것은 속죄일의 준수가 아니라 속죄일의 정수인 속죄일 자체라고 말한다. (안식, p. 49-50)

나중에 우리는 우리의 가족, 우리의 결혼, 우리의 재산을 성화하며 예배가 되게 하는 법을 배우게 될 것이다. 이 계명에서 우리는 시간을 성화하는 법을 터득한다. 우리는 하나님의 창조물로서 시간 안에 존재하는 법을 배운다. 예배에서 우리는 시간을 취한다. 보다 정확히 말하자면, 예배에서 하나님은 우리에게 시간을 부여하신다.

그리스도인들은 안식일이 예수님의 부활을 통해 영원히 변화되었다고 믿는다. 예수님은 제8일에 일어나셔서, 우리를 위해 새 창조가 되셨고, 죽은 자 가운데서 일어나지 않으셨더라면 불가능했을 방식으로 우리에게 시간을 되돌려 주셨다. 하나님이 이스라엘에게 안식일을 위탁하셔서 온 세상으로 하여금 하나님의 창조 계획을 알게 하셨듯이, 그리스도인들은 부활하신 날(주일)에 예배드림으로써 하나님이 이스라엘에게 하신 약속이 온 세상으로 확대되었음을 드러낸다. 만물이 창조된 것은 참되신 하나님을 예배할 때 찾아오는 안식과 구원을 함께 맛보도록 하기 위해서였다. 주일예배를 통해 우리는 하나님이 우리를 홀로 내버려두지 않으셨음을, 우리가 선을 행해야 한다는 사실을 온 세상에 드러냄으로써 세상을 섬긴다. 헬라어 어원에 따르면 전례(liturgy)는 "그 백성들의 사역"을 의미한다. 예배는 하나님이 예수를 통해 드러내시지 않았다면 알 수 없었을 생명의 길을 우리와 함께 세상에 보여주는 사역이다.

그러므로 주일은 자신이 구별된 백성임을 되새기는, 그리스도인들의 구별된 날이다. 구별된다는 것은 거룩하게 되며, 성별된다는 뜻이다. 현대의 그리스도인들은 "세상과 별반 다르지 않다"는 거짓 겸손이 드러날까봐 이 같은 구별을 두려워한다. 그러나 그리스도인들은 거룩해지며, 살아 낼 만한 가치가 있는 삶, 곧 기쁨의 삶을 십계명에서 발견하라는 부르심을 받았다. 십계명을 따르는 삶이 기쁨임을 우리의 삶이 드러낸다면 세상 사람들도 이에 매료될 것이라고 우리는 믿는다. 그들 역시 하나님의 지으심을 받았으며, 그들 역시 십계명을 지키며 살아 내기를 하나님이 원하시기 때문이다. 그리스도인의 복음 전도는 매우 단순하다. 우리가 어떻게 서로 사랑하는지를 세상에 드러내 그들로 하여금 이에 매료되게 하는 것이다. 우리는 안식일 백성이기 때문에 서로 사랑하며, 서로 진실을 주고받을 수 있다.

안식일이 유대인들을 구별해 주며 유대인으로서의 결속을 다지게 하는 두드러진 특징이듯이, 주일 역시 그리스도인 됨을 드러내는 뚜렷한 표지다. 안식일은, 유대인들이 다른 민족들을 규정하는 특성들 곧 무언가를 얻기 위해 애쓰고 수립함으로써 살아가는 것이 아니라, 참되신 하나님이 한가족을 이루시고 그 가족을 보존할 능력을 갖고 계시다는 것을 감사와 인내를 통해 확신하면서 살아가야 한다는 가시적 법령이자 증언이다. 우리는 선포되지 않았더라면 들을 수 없었을 하나님의 말씀을 듣기 위해 모인다. 우리는 그리스도 안에서 입양되지 않았더라면 우리의 형제와 자매가 될 수 없었을 모든 사람들과 더불어 떡을 나눈다. 많은 사람이 자리에 앉아 말씀에 귀 기울이며 별다른 행동이 따르지 않는 우리의 예배 행위가 지나치게 수동적이지 않는가 하고 비판한다. 하지만 우리는 자리에 앉아 말씀을 경청하고, 말씀을 먹으며, 또한 그렇게 하기 위해 시간을 내는 것이 얼마나 중요한지를 새롭게 인식할 필요가 있다. 세상 사람들이 가장 중요하다고 여기는 일을 잠시 뒤로 하고서, 교전중인 세상에서 오직 예배를 위해 시간을 내며, 어지러운 세상 가운데서 예배를 드릴 때, 그리스도인들은 세상을 향해 대단히 정치적인 선언을 하는 셈이다. 정의 실현이 우리 손에 달려 있으며, 우리가 아니면 정의가 실현되지 않을 것이라는 말이 끊임없이 들려오는 이 세상에서 하나님을 예배할 시간을 내는 데에는 용기가 필요하다. 제4계명을 다룰 때 살펴보겠지만, 아이들을 사랑하지 않는 세상에서 아이들을 키우는데 시간을 내려면 용기가 필요하듯 말이다.

우리 중 한 사람이 다녔던 고등학교의 야구부에 유명한 선수가 있었다. 수비수였던 그 선수는 팀의 주축이었다. 그 선수는 주중에 열리는 경기에는 예외 없이 참가해 팀을 승리로 이끌곤 했지만 금요일 저녁경기에서 그의 모습은 찾아 볼 수 없었다. 금요일 경기가 끝나면 동료들은 그에게 찾아가 그날 시합을 일일이 설명해 주었다. 그가 빠진 금요일 저녁경기에서 야구팀은 자주 패하곤 했다.

안식일에 열리는 경기를 포기하는 그의 결장은 야구보다 중요한 일이 있다는 것을 보여준다. 여느 선수와 달리 그는 자신의 시간과 소명과 헌신에 각별한 관심을 두었다. 그것이 우리와 유대인이었던 그와의 차이를 더욱 두드러지게 만드는 것이다.

"이것을 기념하여 행하라"는 성찬식에서 우리는 우리의 시간이 하나님의 것임을 기억하게 된다. 예수님은 우리와 함께 떡을 떼면서 자신을 기억하라고 하셨다. 로마 가톨릭에서는 성찬식을 「주일성무」(Sunday Obligation)라고 부른다. 가톨릭교회의 교리문답(1994)에는 이렇게 기록되어 있다.

> 주일 성체성사(Sunday Eucharist)는 모든 그리스도인이 행하는 일의 기초이자 확증이다. 때문에 신자들은 미사에 의무적으로 참석해야 하는 성일이면, 본당 신부가 인정하는 피치 못할 사유(예컨대, 몸이 아프거나 아이를 돌보아야 하는 경우)를 제외하고는 반드시 성체성사에 참여해야 한다. 의도적으로 이 성체성사 의무를 게을리 하는 자는 중죄를 범하는 것이다. (p. 527)

성체성사 의무는 개신교인들에게 율법처럼 보이기 때문에 우리는 그러한 "율법주의"에 대해 비판한다. 우리가 교회에 가는 것은 바쁜 한 주를 보내면서 피곤해진 몸과 마음에 활력을 불어넣기 위해서가 아니라 하나님을 예배하기 위해서다. 예배는 우리 자신뿐 아니라 하나님도 흡족케 되시는데, 설령 그 예배가 우리에게 흡족하지 않더라도 세상의 구원을 위해서 예배는 필요한 것이다. 주일에 삶의 우선순위를 정립하면서 예배를 최우선으로 삼는다면, 우리는 예배야말로 하나님이 기뻐하시는 시간임을 온 세상에 드러내는 것이다.

안식일이라고 해서 아무 일도 할 수 없는 것은 아니다. 토마스 아퀴나스는 주일에 금지되어 있는 "육체 노동"은 일절 피해야 하지만, 사제가 주일에 미사를 집전하는 일이나 공동체를 세우기 위한 활동은 거리낄 것이 없는 노동이라고 말한다. 육체 노동과 거리낄 것 없는 노동을 어떻게 구별하는가는 풀어야 할 과제이기는 하지만, 집전하는 일이 거리낄 것 없는 노동이라는 아퀴나스의 주장은 두 노동을 구분하고자 할 때 유용한 참고가 된다.

어쨌든 안식일이 사람들에게 불필요한 부담을 주는 날이 되어서는 안된다. 안식일 지키기는, 사람을 착취하고 오로지 실용성만을 따지며, 지나치게 실리를 추구하는 세속 문화에 대항하는 행위다. 희년이 되면 이스라엘이 노예를 풀어주고 땅을 쉬게 하는 것처럼, 안식일 또한 서로에게 즐거운 날이 되어야 한다. 우리가 알고 지내는 한 가정은 몇 년째 안식일을 지켜 오고 있다. 그들은 안식일에 기쁜 마음으로 할 수 없는 일이라면 어떤 일도 해서는 안된다는 철학을 가지고 있었다. 뜰에 구근(球根)을 심는 것이 노동이 된다면 월요일까지 기다리는 것이 좋다. 그러나 기쁜 마음으로 그 일을 할 수 있다면 그것은 육체 노동이 아닌 안식일 노동인 것이다.

우리 중 한 명이 살았던 텍사스에는 "노예해방 기념일"(Juneteenth)이라는 멋진 제도가 있다. 오래전 노예해방 선언 소식이 텍사스에 선포되었던 6월 19일은 법적으로 아프리카계 미국인들이 하루 동안 직장으로부터 해방되는 날이 되었다. 백인들에게는 배 아픈 일이겠지만 노예해방 기념일은 공휴일이 되었다.

　기독교의 안식일은 말하자면 노예해방 기념일이다. 이 날은 그리스도인들이 가장 급진적이며, 현세의 문화에 대항해, 자신들의 정체를 확연히 드러내는 날이다. 우리는 그냥 일터에 나가지 않는다. 그렇게 해서 우리는 세상을 제자리로 돌아오게 한다. 그렇게 해서 우리는 세상의 시간을 가져다 하나님의 시간으로 변모시킨다. 그렇게 해서 우리는 기억 상실증을 치유하고, 우리가 어떻게 여기까지 오게 되었는지, 우리는 누구인지, 그리고 누구를 섬기도록 부름받았는지를 기억한다. 그 기억이란 쓰라린 것이다. 왜냐하면 예수님이 돌아가신 것을 기억해야 하기 때문이 아니라, 예수님이 부활하셨고 지금 이 시간, 그리고 영원토록 우리와 함께하신다는 가슴 벅찬 진실을 우리가 외면했기 때문이다.

　그러므로 칼뱅은 안식일을 시민의 도리, 곧 우리가 하나님께 진정으로 예배드리는 것을 훈련하는 시간의 모델로 간주한다. "그렇다면 이 도리란 무엇인가? 하나님의 이름으로 우리가 모이는 것이다"(십계명 설교, p. 108). 우리는 이 세상이 참된 도리를 볼 수 있도록 시간을 내어 이 세상의 혼란으로부터 우리 자신을 분리할 필요가 있다.

　성경이 말하는 하나님 앞에서의 성별은, 그분께 드리는 예배를 거스르는 모든 것에서 우리 자신을 분리한다는 뜻이다. 그러나 이제 어디서 그러한 순수함을 찾을 수 있을까? 우리가 발붙이고 사는 이 세상은 사악과 적의로 가득 차 있는데…… 우리가 하나님을 반대하는 오염된 세력으로부터 우리 자신을 분리하지 않으면, 우리의

> 죄악된 본성을 제거할 때까지는 순수한 마음으로 그분께 예배드리는 일은 요원하다. (십계명 설교. p. 99)

정치적 성결이란 단순히 이런 저런 법을 지키는 것이 아니다. 기독교적 정치란 예수 그리스도 안에 계시된 참되신 하나님을 예배하는 것이다. 기독교적 정치란 불의와 고통이 이 세상에 만연하더라도 우리에게는 예배할 시간이 확보되어 있음을 전제하는 정치다. 불의한 세상에서 우리는, 시간을 손에 움켜쥐고는 잘못된 것을 우리가 바라는 대로 고치려고 힘쓰거나, 더 나쁘게는 하나님은 시간 속에서 새로운 일을 시작할 능력도 의지도 없다고 생각하면서 불법의 권위를 인정하고 그 불법에 순순히 따르려 애쓰거나 한다. 따라서 주일예배는 세상의 시간에서 벗어나려는 급진적인 저항이다. 즉 예수 그리스도 안에서 하나님이 인간의 시간을 하나님의 시간으로 변모시키셨음을, 말 그대로 시간을 내서 기뻐하는 그런 시간이다. 안식일이 되면 우리는 영원을 희미하게 볼 수 있으며, 하나님이 "찬송과 존귀와 영광과 권능을 세세토록"(계 5:13) 받으시는 곳에서 그분의 영원하신 뜻이 무엇인지를 체험하게 된다.

    기독교의 시간은 세상의 시간과 다르다. 이것은 교회력이 세상의 연도와 다르다는 사실에서 명확히 드러난다. 교회력은 대림절과 성탄절로 시작되어 사순절과 부활절로 이어져, 오순절과 교회의 탄생에서 그 절정을 이룬다. 그 시간이 그리스도인의 삶의 동기를 구성한다. 그 시간이 바로 세상을 존재케 한다. 따라서 당신의 교회가 국가 행사를 오순절보다 더 중시한다면, 당신은 교회가 오염되어 왔다는 점에서 십계명이 어떻게 정치를 형성하게 되는지를 이해하게 될 것이다.

4

네 부모를 공경하라. 그리하면 네 하나님 여호와가 네게 준 땅에서 네 생명이 길리라. _출 20:12

제4계명
네 부모를 공경하라

한 무리의 대학생들이 다음과 같은 질문을 받았다. "예배에서 가장 이상하다고 생각되는 것, 주일아침 예배시간에서 이해하기 가장 어려운 부분이 뭐라고 생각하나요?"

기다렸다는 듯이 한 학생이 답했다. "신자들이 본당에 들어 와, 예배가 막 시작하려고 할 때, 송영을 부르면서 길게 행렬을 지어 나아가는 거요."

"행렬을 지어 나아간다고요?"

"예, 행렬이요. 그리고 성가대의 찬양이 끝나면 항상 어떤 사람이 목사님 앞으로 낡고 큰, 정말 큰 책을 들고 나아가더군요."

"성경 말인가요?"

"예, 성경이요. 그게 참 이상하더라구요."

들고 보니 그 학생이 제대로 지적했을 뿐 아니라 통찰력 또한 탁월하다는 생각이 들었다. 21세기를 살아가는 사람들이 한자리에 모여, 예배시간에 시간과 문화가 판이하고 순서도 일정치 않은 고서(古

書)를 가져다 펼쳐서, 말씀 앞에 무릎 꿇는다는 것은 이상할 뿐더러 통념을 깨는 것이기도 하다. 부모님한테도 그렇게까지 자상하게 대하지 않는데 말이다.

어떤 의미에서 현대는 자신의 아버지를 살해하려다 그만 하나님을 살해하고 만 프로이트로부터 시작되었다 할 수 있다. 프로이트는 자신을 낳아 준 이들을 미워하는 것은 당연하며, 치료를 통해 스스로 우리 자신의 창조주가 될 수 있다고 가르쳤다. 우리는 스스로 신이 되려고 갈망한다.

그러나 배꼽만큼 우리를 존재론적으로 드러내는 것은 없다. 바로 이것이 제4계명에서 가르치려는 바다. 십계명은 인간이 어머니와 아버지 사이에서 태어난 피조물이라는 사실을 주목하면서, 생명이 선물이라고 가르친다. 인간은 만들어지는 것이 아니라 태어나는 것이다. 우리의 기저귀를 누군가 갈아 주는 것, 이는 은혜가 어떤 모습인지를 보여주는 최초의 표지다. 부모를 경멸하는 사람들이 있다는 것은 놀랄 일이 아니다. 왜냐하면 우리가 지음받은 존재며, 우리의 삶은 우리 자신에게서 도출되는 것이 아님을, 부모라는 존재가 가시적으로 또한 끊임없이 상기시켜 주기 때문이다. 루터는 이 문제를 아주 생생하게 설명한다.

> 만일 우리에게 아버지와 어머니가 없다면, 우리는 제4계명 때문에 어쩔 수 없이 우리가 아버지와 어머니라고 부를 수 있는 벽돌이나 돌멩이를 하나님이 세워 주셨으면 하고 바라야 한다. 하나님이 우리에게 살아 계신 부모를 주셔서 그들을 존경하고 따르게 하셨으니

> 이보다 더 기쁜 일이 있을까. 우리가 그렇게 하는 것을 하나님과 모든 천사들이 더없이 기뻐하시며, 모든 악마들이 혼비백산한다. 뿐만 아니라, 앞의 세 계명에서 묘사된 하나님께 드리는 최고의 예배 다음으로 우리가 할 수 있는 최선의 노력임을 우리가 알기 때문이다.…… 하나님은 다른 그 무엇보다 부모의 지위를 이렇게 높이셨다. 사실상 하나님은 부모를 이 땅에서 자신의 대리자로 삼으셨다.
> (대요리문답, p. 26)

따라서 우리가 피조물이라는 사실을 깨닫게 되면 깊은 감사가 터져 나온다. 우리가 지음받은 것은 독립적으로 살기 위해서가 아니라 서로에게 필요한 존재가 되기 위해서다. 어머니의 자궁에서 영양을 공급받으며 태어나는 순간 우리는 모든 피조물 가운데 가장 의존적이 된다. 오랜 기간 동안 스스로 생존할 힘이 없는 우리가 부모에게 의지할 때 생명은 소유물이 아니라 선물임을 깨닫게 된다. 우리 모두는 부모에게서 태어났다. 나이 들고, 자식이 있더라도, 우리가 하나님의 자녀요 부모의 자녀라는 사실을 부인할 수는 없다.

앞서 주목했듯이, 십계명은 하나님을 사랑하라는 전반부의 계명들과 이웃을 사랑하라는 소위 "두 번째 판"으로 나뉜다. 두 번째 판이 윤리에 관한 것이라면 첫 번째 판은 신앙에 관한 것이라고 한다. 십계명을 이처럼 양분하는 것이 한편으로는 이해되기도 하지만 그 구분이 너무 인위적이고 십계명에 대한 바른 이해를 방해하기도 한다. 토마스 아퀴나스는 하나님의 계명들이 올바른 순번을 갖고 있으며 바른 순서로 정렬되어 있다고 말했다. 안식일 계명에 뒤이어 부모를 공경하라는 계명이 나오는 것은 우연이 아니다. 우리의 업적과 주장을 펼치는 장(場)이 아닌 선물로 주어진 시간 속에서 살아야 한다고 제3계명이 우리에게 명령하듯, 제4계명은 우리에게 우리라는 존재가 선물이라는 사실을 인식하며 살아야 한다고 명령한다. 우리는 스스로 존재하게 된 것이 아니다. 자기 스스로 태어났다는 것은 거짓말이다.

가정에서 다른 이들과 더불어 어떻게 살아가야 하는지는 하나님을 예배하는 방식에서 비롯된다.

> 그의 계명은 이것이니 곧 그 아들 예수 그리스도의 이름을 믿고, 그가 우리에게 준신 계명대로 서로 사랑할 것이니라. 그의 계명을 지키는 자는 주 안에 거하고 주는 그의 안에 거하시나니 우리에게 주신 성령으로 말미암아 그가 우리 안에 거하시는 줄을 우리가 아느니라(요일 3:23-24).

따라서 십계명이 인간관계로 옮겨 갈 때, 하나님을 바르게 예배하라는 주장은 그것의 기초가 된다. 우리가 이웃에게 베푸는 사랑은 우리가 하나님께 보이는 사랑과 같다. 만일 우리가 부모님을 용서하는 법을 배울 수 있다면 이웃을 용서하는 것은 쉬운 일이 될 것이다. 하나님이 먼저 우리를 사랑하셨기 때문에 우리가 사랑할 수 있으며, 우리 또한 하나님을 사랑하는 방식으로 부모를 사랑해야 한다. 먼저 하나님의 독보적인 위엄과 주권을 확인하고 나서 우리가 하나님께 순종하듯 부모에게 순종하라고 십계명이 명령하는 것은 놀랍기까지 하다.

칼뱅은 다음과 같이 말하면서 제4계명의 권위를 확증한다.

우리는 오직 "주 안에서"(엡 6:1) 부모에게 순종하라는 명령을 받는다. 우리 부모는 주께서 오르게 하신 바로 그 높은 자리에 앉아 계시기 때문이다. 주님은 자신의 영광 중 일부를 우리 부모와 공유하신다. 그러므로 부모에게 순종하는 것은 지극히 높으신 성부를 영화롭게 하는 일에 한 걸음 더 나아가는 것이 된다. 그렇기 때문에 만일 부모가 우리더러 율법을 어기도록 부추긴다면 우리가 그들을 부모가 아니라 우리를 꼬드겨 참되신 하나님께 순종하지 못하도록 훼방하는 이방인으로 간주하더라도 하등 잘못된 것이 없다. 우리가 왕자, 군주, 여러 부류의 상관들을 대할 때도 마찬가지다. 그들의 명성이 도를 지나쳐 하나님의 존귀하심을 깎아내린다면 이는 부적절하며 터무니없는 일이다. 이와는 반대로 그들의 명성은 하나님의 존귀하심에 달려 있으며, 우리를 마땅히 그분의 존귀하심으로 인도해야 한다. (기독교 강요, pp. 403-404)

두 번째 판의 계명들을 해석하는데 있어, 그 계명들이 사회 제도의 인습적 관행을 승인하는 것으로 해석할 때도 있다. 이 제4계명은 가정을 우상처럼 떠받들어 하나님께 드려야 할 영광을 우리 부모에게 드리라고 요구하는 것인가? 가정은 아이들과 여자들에게 돌이킬 수 없는 상처를 입히고 끊임없이 폭력을 가하는 곳으로 전락할 수도 있다. 가장 상처받기 쉬운 사람들에게 가장 힘센 사람들을 섬기라고 말하는 것이 합당한 것인가?

우리는 이 계명을 조심스레 해석해야 하는데, 가족의 가치에 대해 현재 이뤄지고 있는 논의를 고려할 때 더욱 그래야 한다.

먼저, 오늘날의 문화에서 자신이 **무언가**에 의존하고 있음을 어떤 방식으로든 시인하게 되면, 다시 말해 선택의 자유를 박탈당한 채 무언가 강요당하는 것 같은 입장이 되면, 사람들은 언제나 그것을 현대인들의 최고의 이상―자유롭고, 얽매이지 않으며, 주권을 행사하며, 선택권을 지닌 개인이 되는 것―을 잠재적으로 저해하는 요소로 간주하려고 한다. 이 계명은 이미 상처받았으며 부모에게 의존하는 아이들이 자신의 부모더러 폭군이 되라고 권고하는 일종의 초대장이 아닌가?

가정에 비판적인 몇몇 현대인들이 "가정의 우상화"를 부추긴 장본인이 교회라고 비난하는 것은, 모든 사회적 억압으로부터 우리를 해방해 자아에만 집착하게 만들어, 결국 국가로 하여금 우리에게 막강한 영향력을 행사할 수 있도록 하려는 것은 아닐까? 현대 민주주의에서 드러난 사실은, 국민은 자기 외에는 어느 누구도 책임지지 않는 개인이라고 국가가 홍보함으로써 그들을 보다 쉽게 통제할 수 있다는 것이다. 가정과 부모의 권위 아래 있는 사람은 막강한 국가와 국가 경제에 대해 대항할 수 있는 최소한의 수단을 가지고 있는 셈이다.

그러나 제4계명에 가하는 제한은, 어떤 맹목적인 집착에서 벗어나겠다는 우리의 결심에 기인한다기보다는 하나님에 대한 우리의 순종에서 비롯된다. 예수님은 하나님의 뜻을 따르기 위해 자신의 부모를 난처하게 만들고 순종하지 않은 적도 있다. 우리가 알고 있는 예수님의 어린 시절에 관한 유일한 이야기는 성전에서 있었던 일인데, 여기서 예수님은 예루살렘에 남아 성경학자들과 신학 토론을 벌이느라 부모께 순종하지 않고 있다는 인상을 받는다(눅 2:41-51). 여기에서 우리는 자식의 부모 공경은 부모의 하나님에 대한 공경과 같다고 추론할 수 있다. 부모에 대한 순종도 마찬가지다. 각각의 계명은 나머지 모든 계명들을 해석할 수 있는 조건이다. 자녀들이 제4계명을 지킴으로써 자신을 공경할 것으로 기대하는 부모는 스스로 십계명을 지켜야 한다.

무엇보다, 우리가 기억해야 할 것은, 이 계명을 듣는 대상이 어린 자녀들이 아니라 장성한 자녀들, 결국 우리 모두라는 사실이다. 누군가의 자녀인 어른들이 이 제4계명을 들어야 할 자들이다. "너희 부모를 공경하라"라는 계명은 어렸을 때만이 아니라 죽을 때까지 적용되는, 피조물로서의 우리의 정체성에 관한 주장이다.

예수님은 가족과 같은, 당시로서는 위험하기 이를 데 없는 사회 환경까지 과감히 사용하셔서 하나님의 본성에 대해 매우 파격적으로 가르치셨다.

> 또 이르시되 어떤 사람에게 두 아들이 있는데 그 둘째가 아버지에게 말하되 아버지여, 재산 중에서 내게 돌아올 분깃을 내게 주소서 하는지라. 아버지가 그 살림을 각각 나눠 주었더니 그 후 며칠이 안 되어 둘째 아들이 재물을 다 모아 가지고 먼 나라로 가 거기서 허랑방탕하여 그 재산을 낭비하더니(눅 15:11-13).

이 계명은 가족 그 자체가 선하기라도 한 듯 이른바 가족의 가치라는 것을 정당화하려는 게 아니다. 절대선이란 없다. 모든 것은 상대적, 삼위일체와 관계되어 있다. 이 세상은 은혜로우신 하나님의 뜻과 지혜와 관련이 있는 한에서만 선하다. 이 계명은 부모 된 어른들에게 그 부모가 그들을 책임졌듯이, 그들이 책임져야 할 자녀들을 양육하되 그 자녀들이 하나님의 자녀가 된 것을 기뻐할 수 있는 방식으로 양육해야 한다는 사실을 일깨워 준다. 우리가 부모를 공경해야 하는 이유는, 그들이 하나님께 대한 예배를 처음으로 우리에게 가르쳐 주었기 때문이라고 아퀴나스는 말한다. 사랑하고 추구하고 희생하며 헌신적으로 보살핀다는 것이 어떤 의미인지를, 생존을 위해 다른 이에게 의지한다는 것이 어떤 의미인지를, 우리는 부모를 통해 어렴풋이나마 처음으로 알게 된다.

그뿐 아니라, 이 계명은 부모들에게 부모 된다는 것이 무슨 의미인지를 하나님에게서 발견할 수 있다는 것을 일깨워 준다. 부모가 된다는 것은 하나님의 선물이다. 하나님은 우리 중 몇몇에게 은혜를 베푸셔서 생명을 부여하고 생명을 유지하는, 선물과 책임이라는 연결망에 우리의 삶이 놓여 있음을 깨닫게 하신다. 첫 창조를 즐거워하신 하나님은 이제 여자와 남자에게 이 창조성을 선물로 주시며 "생육하고 번성하라"(창 1:28)고 명령하신다. 이 명령은 하나님께서 인간에게 내리신 첫 명령일 뿐 아니라 이를 수행할 때 더없는 기쁨을 누리게 된다. 그러므로 부모 된다는 것은 숭고하고 영예로운 소명이다. 그것은 신실한 자들이 책임과 창조 활동에 참가하는 것인데, 이를 통해 하나님은 이 세상을 그분의 세상으로 보존하시며 창조 행위가 지속되게 하시기 때문이다.

제4계명과 그리스도인의 삶

부모는 하나님 이야기를 들려주고 하나님의 율법을 가르치고 하나님께 드리는 순종이 어떻게 행복을 가져오는지 손수 본을 보임으로써, 신실하게 우리를 섬기는 최초의 제사장이 된다. 부모의 가르침이 없다면 우리는 하나님이 우리 삶의 원천이시라는 사실도, 하나님이 우리에 대한 소유권을 주장하신다는 사실도, 하나님이 우리를 부르셨다는 사실도 알 수 없을 것이다. 우리의 배꼽은 우리의 모든 소유와 전 존재가 선물임을 우리에게 끊임없이 상기시킨다.

그러므로 하나님은, 부모의 기쁨과 즐거움을 위해 자녀를 주시는 것이 아니다. 해산의 고통 가운데서도 하나님의 은혜로 자녀를 통해 큰 기쁨과 즐거움을 맛보기도 하지만 말이다. 하나님은 우리에게 자녀를 주셔서 그분에게 더욱 가까이 나아가게 하신다. 하나님이 우리에게 주신 부모의 소명을 감당할 때에야 우리는 부모가 됨으로써 더 나은 사람이 된다는 것을 알게 된다. 우리는 좋은 부모가 되기 위해 우리의 삶을 보다 충실하게 돌볼 수 있게 된다. 율법과 선물이 다르지 않음을 설명하는 방식으로 이보다 더 나은 예는 없다. 순종하는 부모가 되면 순종이라는 선물이 주어진다.

우리가 어렸을 때 부모는 힘써 우리를 지켜 주고 다른 이들이 우리를 신뢰하지 않을 때조차도 믿어 주지만, 그렇다고 단순히 자녀를 지키고 존경받으라고 하나님께서 부모를 주신 것이 아니라는 점도 주목하자. 부모는 우리가 이 땅에 태어난 것이 하나의 선물임을 우리에게 계속 일깨우기 위해 존재한다. 부모가 나이 들면 놀라운 역할의 반전이 일어난다. 장성한 자녀는 연로하신 부모를 위해 자신의 삶을 조정할 기회를 갖게 된다. 부모의 보살핌을 받았던 우리가 거꾸로 그들을 보살피게 된다. 유아기 시절 기저귀를 갈아 주셨던 부모에게 어떤 고마움도 표시하지 않았던 우리가, 연로하신 부모님의 뒤처리를 해드리면서 늦게나마 고마운 마음을 전한다. 이 계명에 순종하여 부모를 공경하는 일은 양로원의 병실에서는 매우 실제적이고 효과적이며 현실적인 문제가 된다.

우리의 부모 공경은 우리가 하나님에 관해 믿는 모든 것에서 비롯된다. 프로이트의 주장대로, 우리가 우주적 아버지를 필요로 하는 자신의 유아기적 욕구로 아버지 노릇을 했던 경험을 투사해 아버지 하나님을 고안해 낸 것이 아니다. 주기도에서 하나님을 아버지라 부르도록 가르치신 분은 바로 예수님이시다. 우리가 아버지 된다는 것에 대해 품고 있는 어떤 생각도 예수님이 하나님의 본질을 드러내신 것에서 비롯되지 그 반대는 사실이 아니다. 생물학적 의미로서의 아버지됨은 예수님이 하나님을 아버지로 부르신 것에 의해 판단되고 상대화 된다. 예수님은 가정을 꾸리기 위해 인생의 밑바닥까지 내려가야 했던 두 아들의 아버지에 관한 놀라운 이야기를 들려주셨다(눅 15장). 예수님 자신이야말로 가정을 꾸리겠다는 하나님 아버지의 단호한 결심을 드러내는 바로 그 화신이다. 그러므로 예수님은 자신의 구속 언어와 구속 사역에 의해 "어머니"와 "아버지"에 대한 우리의 관념을 재정립하고 평가하신다.

그리하여 아퀴나스는 교회에서 어떤 이들이 "아버지"라 불리는 것은 그들이 자녀를 낳았기 때문이 아니라 모범적이기 때문이라고 주장했다(교리문답 교훈집, p. 91). 그런 이유로 사도나 초대교회 지도자들을 "교부"(Fathers)라고 부르는 것이다. 교회에서 부모는 생물학적이 아니라 세례를 통해 탄생한다. 우리는 가족이라는 제도를 통해 참된 가족, 곧 교회를 바라보아야 한다. 교회는 성인들을 높이 받들되, 교회로서의 우리의 전체적 삶이 소명인 동시에 우리의 생물학적 가정에 대한 심판이 되는 식으로 해야 한다.

따라서 어린 아이가 세례를 받을 때, 교회 전체가 아이의 친부모뿐 아니라 아이 자신의 믿음까지도 든든히 세워 주며 책임 의식을 가진다는 것을 분명히 하는 것이 중요하다. "부모됨"이란, 믿음 안에서 갓 태어난 아이를 돌보는 기독교적 소명을 일컫는다. 우리 대다수에게 부모는 복음을 전하고 그것을 구체적으로 드러낸 최초의 복음 전도자다. 교회의 모든 성도들은 친자식이 있건 없건 세례를 통해 탄생한 자녀들을 돌보라는 부름을 받는다. 세례를 받을 때 많은 이들이 생물학적 가족의 범주와 한계에서 벗어나 "가정"으로 불러도 손색없을 만큼 매우 관대하고 매우 진실한 단 하나의 가정인 교회로 입양된다.

이런 주된 이유로, 교회는 세상 사람들이 가족의 가치를 매우 중시하는 것에 이의를 제기해야 한다. 교회의 양육에 견줄 정도로 자녀들을 잘 보살필 수 있다고 주장하는 어떤 세력에도 교회는 반대한다. 핵가족 혹은 가족이라 불리는 어떤 형태든지 교회의 중요성을 이해해야 하며 우리의 으뜸가는 가족, 곧 교회라 불리는 믿음의 가족을 설명할 책임을 지닌다.

따라서 그리스도인들은 공립학교 같이 국가에서 자녀들을 위해 운영하는 기관들에 대해 비판적 시각을 가져야 한다. 우리는 하나님께서 우리 아이들의 삶에 제대로 권위를 행사하지 못하게 만드는 어떤 아동보육 프로그램도 반대해야 한다. 그리스도인들은 가족을 든든히 지켜 주고 도움을 주는 시민 단체나 사회 기관들—믿음 안에서 아이들을 양육해야 할 책임을 충실히 감당할 수 있게 하는—을 높이 평가해야 한다. 역사적으로 그리스도인들이 자본주의라는 경제 제도를 비판하게 된 근본 이유는, 자본주의가 가족을 강조하는 경향을 보였기 때문이다. 오늘날 대다수 미국 가정들은 동성애자들의 인권 보호에 힘써 달라는 요청 때문이 아니라 끊임없는 탐심과 소비만능주의라는 버거운 짐, "부자병"이라는 질병에 맞설 방도가 없어 고통을 겪는다. 경제·정치 제도인 사회주의는 가정을 국가의 보호 아래 복속시키며 가정을 도전한다. 경제 제도는 그 자체로 선한 것이 아니다. 다만 자녀와 부모들의 삶을 윤택하게 할 재화를 창출할 수 있는 능력이 있느냐로 검증받아야 한다. 그러므로 제4계명에 따라 우리에게 권력을 행사하는 공무원들을 존중할 때 우리는 그들이 하나님의 심판 아래 있는 자들로서 권력을 행사하는 것임을 상기시킨다. 그리스도인들이 사회 제도를 비판하고 개혁하는 주된 동기는, 인간에 대한 순종이 아니라 하나님에 대한 순종이다(행 5:29).

제4계명에 대한 우리의 논의를 통해 어떤 사람은 그리스도인들이 "공적" 영역과 "사적" 영역을 구분하지 않는다는 사실을 알 수 있을 것이다. 미국 가정들은 그동안 사적 영역에만 머물러 왔다. 이 말은 미국인들이 가정이야말로 공적 영역으로부터 안전이 보장된 심리적 관계와 개인적 선택의 영역, 곧 냉혹한 세상에서의 피난처라고 주장한다는 뜻이다. 그러므로 학생들은 학교에서 정말로 중요한 것—미국 사회가 권력이라고 정의하는 것을 학생들이 쟁취하는데 필요한 공적이며 사회적으로 중요한 지식―을 습득한다. 하지만 가정에 돌아와서는 개인적이고 사적이며 또한 현실의 삶과는 무관한 기술들을 터득한다. 가정은 설 곳이 점차 좁아지면서 냉혹한 세상에서 받은 상처를 치유하는 안식처 정도로 전락한다.

제4계명은 가정이 사적인 영역으로 축소되는 것을 거부하면서 가정을 과감하게 공적 책임과 정치적 영역 안으로 되돌린다. 따라서 그리스도인들에게 자녀 교육에 대한 논의만큼 정치적으로 지탄받는 이슈가 없는 것이다.

유대인들과 그리스도인들이 이 세상에서 살아가는 방식에는 위계 질서가 형성된다. 민주주의 사회는 우리가 복종이라는 방식으로 부모를 공경하고 성부 하나님께 순종하는 훈련을 받는 것을 매우 이상히 여긴다. 민주주의는 우리를 현혹시켜 이 세상에서 살아갈 때 어떤 권위가 개인적으로 우리 마음에 들지 않는다면 그 권위를 인정할 필요가 없다고 착각하게 만드는 경향이 있다. 민주주의 사회에서는 복종의 대상을 우리 마음대로 선택한다. 따라서 우리는 하나님을 우리가 선택한 어떤 존재, 민주적으로 선출된 지도자, 하늘에 계신 위대하고 너그러운 후원자 정도로 생각한다. 그렇지 않다. 하나님은 우리의 창조주시며, 예수 그리스도의 십자가와 부활을 통해 우리를 구속하신 분이다. 때문에 하나님은 순종을 요구하실 권리가 있다.

그러나 현대 사회에서는 어떤 식으로든 권한을 행사하면 권위주의자로 낙인찍히기 십상이다. 오늘날 우리는 진정한 권위를 체험하지 못하고 있다. 우리 자녀들의 무질서한 생활만큼 이러한 권위 부재

현상을 생생하게 보여주는 것은 없다. 부모들조차 권위에 대한 인식이 희박하다보니 자녀들로 하여금 "자기 일은 자기가 알아서 결정"하도록 키운다. 이는 우리 아이들이 판단해 결단할 만한 가치에 마음을 빼앗긴다는 뜻이다. 부모와 자녀 둘 다 무질서한 욕망의 노예가 된다.

루터의 말대로, 참된 위계 질서의 부재는 무정부 상태로 이어진다.

> 순종의 행위가 하나님께 더없는 기쁨이 되며 그에 따른 보상이 풍성하다는 사실을 우리 스스로 납득하게 된다면 우리는 받은 복으로 인해 압도되고 마음의 소원을 모두 이루게 될 것이다. 그러나 하나님의 말씀과 계명은, 그것들이 궁상맞은 행상인의 입에서 나온 것인양 업신여김을 받고 있다. 당신이 행여 하나님을 하찮게 여기는 것은 아닌지 점검해 보자. 그분이 당신에게 보복하는 일이 아주 힘든 일이라고 생각하는가? 당신이 하나님의 사랑과 평안과 축복을 받으면 그분의 미움을 사고 불행을 당할 때보다 훨씬 더 나은 삶을 살게 될 것이다. 당신은, 이 세상이 어째서 불신앙, 수치, 비참, 그리고 살인으로 가득 차 있다고 생각하는가? 그 이유는 누구나 자신이 주인이 되며, 모든 권위에서 벗어나고, 아무도 돌보지 않으려 하며, 자기 기분대로 하려 들기 때문이다. 그래서 하나님은 다른 악당을 이용해 또 다른 악당을 벌하신다. 당신이 당신의 주인을 속이거나 업신여기면 다른 사람이 와서 당신에게 그와 똑같이 대할 것이다. 실로 당신은 아내와 자식과 하인들로부터 열 배나 더 큰 고통을 받게 될 것이 틀림없다. (대요리문답, p. 30)

16세기에 쓰인 글이라고 보기 어려울 만큼 정당한 권위와 위계 질서가 실종된 세상을 탁월하게 묘사하고 있다. 우리가 부모를 공경하지 않으면 누군가에게 순종해야 하는데, 그 대상은 국가 내지 "일"(the business)일 가능성이 높다. 적법한 권위를 두려워하지 않으면 모든 사람이 두려움의 대상이 되는데, 우리 자신이 특히 그렇다.

그러나 제4계명은 벌하겠다는 위협이 아니라 복을 주시겠다는 약속으로 끝을 맺는다. 이 계명은 하나님이 우리에게 주신 땅에서 우리의 "생명이 길리라"고 약속한다. 우리에게 시간과 장소의 축복이 주어지면서 우리는 자녀와 부모를 돌보는 데 필요한 장소와 시간을 하나님의 은혜로 확보하게 된다. 자녀를 양육하는 데는 엄청난 시간이 소요되기에 부모 역할을 하려면 오래 참아야 한다. 우리는 시간을 하나의 상품, 부족한 상품으로 변모시켰다(그래서 우리는 "시간 소비"와 "시간 낭비"라는 표현을 쓴다). 이 계명에서 시간은 선물이며 장소 또한 그렇다. 결과적으로 우리는 그 사이에 수행할 의미 있는 사역을 우리에게 부여하신 하나님께 기쁜 마음으로 순종하는 데 필요한 일상적이고 예측 가능한 일, 시간 그리고 장소를 확보하게 된다.

또한 부모 공경은 안식일의 백성인 우리에게 기억하며 살 수 있는 시간이 주어졌음을 일깨운다. 보다 강하게 표현하자면, 그리스도인들은 기억—"이것을 행하여 나를 기념하라"—에 의해 태어난다. 그러므로 우리는 그리스도께서 살과 피를 통해 만드신 사람들을 기억하며 살아간다. 우리는 앞서 간 사람들에게 빚을 지고 있음을 밝히기 위해 이 책을 쓸 때와 똑같은 방식—말하자면 아퀴나스, 루터, 그리고 칼뱅에게서 배움으로써—으로 애를 썼다. 우리보다 앞서 살았던 사람들에게 우리가 우선적으로 보여야 할 자세는 겸손과 감사다. 이 말은 그들이 말한 것은 무엇이든 무비판적으로 받아들인다는 뜻이 아니라, 비판을 하되 그들을 존경하는 마음으로 해야 한다는 뜻이다.

물론 아퀴나스와 루터, 칼뱅 같은 사람들의 이름이 너무 유명하다는 것은 문제다. 과거에 살았던 대다수 그리스도인들은 사람들의 기억에서 사라진 듯하지만 사실 그렇지 않다. 오히려 평범했던 대다수의 그리스도들은 성도들과의 교제를 통해 하나님을 즐거워했다. 그들이 그렇게 했다는 것은, 그들이 받은 선물이 우리를 안전하게 보호했음을 인식하면서 살아갈 시간이 우리에게 주어졌음을 의미한다.

이 계명을 순종하는 자에게 복과 상이 약속되어 있다는 사실이 당신에게 마뜩찮게 느껴진다면 그런 생각을 극복해야만 한다. 우리의 행동이 결과를 낳는다는 것은 십계명이 전하는 기쁜 소식일 수도 있고 슬픈 소식일 수도 있다. 구약이 거듭해서 주장하는 바는, 어떤 행위는 실제로 행복을 맛보며 장수하는 삶으로 이어진다는 것이다. 가령 우리가 저 길이 아닌 이 길로 가면 우리는 보다 나은 삶을 살게 된다. 하나님은 우리의 순종을 눈여겨보시며 순종에 따른 보상을 하기 위해 기꺼이 자세를 낮추신다. 어느 여성이 임종을 눈앞에 둔 어머니를 헌신적으로 돌보았지만 알아주는 사람이 없더라도 하나님은 이를 기억하신다. 세상이 이 여성에게 보상하지 않더라도 하나님은 하신다. 좋은 곳에서 행복하게 장수하는 것은 이 땅에서의 충실한 삶에 대한 보상이며, 충실한 삶은 하나님의 계명을 따르는 삶이다.

우리는 간혹 우리의 인생이 순종 내지 불순종의 결과라고 보기보다는 운명 혹은 행운이나 불행 탓으로 돌리곤 한다. 우리는 이처럼 어지러운 세상에서 "어떻게 선한 사람들에게 실제로 좋은 일들이 자주 일어나는가?"라고 경탄하기보다는 "왜 선한 사람들에게 나쁜 일들이 일어나는가?"라고 의아해 한다. 행동은 결과를 낳고, 삶의 방식은 중요한 결과를 낳는다. 따라서 우리가 부모를 공경하라는 계명에 순종하는 것은 보상 심리 때문이라기보다는 하나님을 예배하는 가운데 이루어지며, 우리 모두는 하나님이 주신 땅에서 장수하며 행복하게 사는 것으로 은혜로운 보상을 받는다.

5

살인하지 말라. _출 20:13

# 제5계명
살인하지 말라

여기, 짧고 간결하며 핵심을 찌르는 계명이 있다. 이 계명은 단순하다. 이 계명의 단순함은 우리가 실제로 살아가는 방식뿐만 아니라, 제5계명을 자의적으로 해석하려고 부단히 노력하는 교회에 의해 전개되고 지금도 진행중인 해석 및 토론과도 대조를 이룬다. (전쟁에서 죽은 사람들은 말할 것도 없거니와 동족에 의해 살해된 시민들의 숫자를 단순히 합산하기만 해도) 유사 이래 북미의 민주주의 국가처럼 가장 폭력적인 사회에서 살고 있는 사람들은 살인 금지 계명의 해석을 둘러싸고 교회가 왜 그처럼 분투하는지 십분 이해한다. 20세기에 전쟁에서 죽은 사람보다 자신의 나라에서 목숨을 잃은 사람이 더 많다. 어쩌면 역사상 가장 피비린내 나는 세기라고 평가받을 20세기가 지난 지금, 이 계명은 정곡을 찌른다.

    제5계명의 히브리어 원문은 "살인하지 말라"(Thou shall not kill)가 아니라 "살해하지 말라"(Thou shall not murder)이다. 따라서 이 계

명은 자기방어를 말한다. (총기 소지의 이유를 설명하는, 그리스도인 존 르누와 그의 아내 케이윈[12])

우리는 이 계명을 회피할 속셈으로 "원래 뜻은 '살인하지 말라'가 아니라 '살해하지 말라'이다"라고 말할 생각은 추호도 없다. 히브리어 동사 "살인하다"는 어떤 정황에서 "살해하다"를 뜻하지만(왕상 21:19와 비교) 정당하게 기소된 살인자의 처형(민 35:30)뿐 아니라 고의성 없는 살인(신 4:41-42)을 가리키기도 한다. 사람들은 우리에게 포괄적이며 무조건적인 주장을 한다. 여기서 우리는 이 동사(kill)가 어쩌면 광범위한 상황―고의성이 있든 없든―에서 제3자를 향한 온갖 형태의 폭력을 언급할 수도 있다는 점을 인정해야겠다. "살해하다"라는 동사는 이 계명의 중요성을 요약하기에는 너무나 협소한 용어다.

이 같은 생각은 분명 이 계명 앞에 선 우리의 심기를 불편하게 만든다. 어떤 이유에서든 사람의 목숨을 취하는 일은 하나님의 자리를 빼앗는 것이다. 우리는 하나님이 창조하셨고 하나님이 소유하시는 그 무언가를 훔친다. "질투하시는" 하나님에게서 무언가를 훔치는 일은 위험한 행위다. 모든 생명은 하나님께 속해 있다. 성경에 의하면, 누군가를 죽이는 살인 행위는 개인에 의해 혹은 국가에 대한 봉사의 차원에서가 아니라 하나님을 매개로 이루어진다. 하나님만이 살리기도 하시고 죽이기도 하시기 때문이다.

살인을 금하는 이 계명 때문에 하나님의 백성들은 지구상의 모든 국가와 불편한 관계가 된다. 세상 나라들은 하나님의 자리를 차지하고서 자신과 자신의 자랑스러운 주권을 방어하기 위해 살인한다.

하나님의 백성은 그렇게 해서는 안된다. 어떻게 하면 이 계명을 교묘하게 재해석해 현 상황에 부합하게 만들 것인지에 골몰하기보다는, 어떻게 하면 교회를 변화시켜 비폭력적인 사람들을 만들어 내고 그들을 지원하는 곳이 되게 할 수 있을지를 고민해야 한다.

    이 계명이 지닌 위력을 약화시키려 할 때 예수님은 전혀 도움이 못 된다. 마태복음 5:21-26을 보면, 예수님은 사실상 이 계명이 상대방에 대한 언어폭력이나 분노까지 포괄하는 것으로 그 범위를 확대하신다. 그분은 보복이나 배상이 아닌 화해를 요구하신다. 때문에 예수님은 이 계명의 뉘앙스를 달리할 속셈으로 "윤리"를 가르치는 자들의 역성을 들어줄 의향이 없음을 내비치신다. 그분은 본래 단호하기 이를 데 없는 계명을 취하셔서 그 요구사항을 한층 더 강화하신다. 우리는 마태복음 5:21-26에 나타난 예수님의 해석 방식을 우리의 해석 방식의 본보기로 삼아야할지도 모른다. 예수 안에서 계명들은 강화되고 확대되며 확장된다.

> 내가 율법이나 선지자를 폐하러 온 줄로 생각하지 말라. 폐하러 온 것이 아니요 완전하게 하려 함이라. 진실로 너희에게 이르노니 천지가 없어지기 전에는 율법의 일점 일획도 결코 없어지지 아니하고 다 이루리라. 그러므로 누구든지 이 계명 중의 지극히 작은 것 하나라도 버리고 또 그같이 사람을 가르치는 자는 지극히 작다 일컬음을 받을 것이요 누구든지 이를 행하며 가르치는 자는 천국에서 크다 일컬음을 받으리라. 내가 너희에게 이르노니 너희 의가 서기관과 바리새인보다 더 낫지 못하면 결코 천국에 들어가지 못하리라 (마 5:17-20).

루터는 계명들이 의도하는 바가, 우리를 충격으로 몰아넣어 거반 죽게 만들어서, 우리를 자비하신 하나님의 품으로 몰아가게 하려는 데 있다고 말했다. 이 같은 목적을 이루는데 마태복음 5:21-26에서 예수님이 특별히 강조하신 바를 능가할 계명은 없다.

하나님이 우리의 창조주가 아니시라면 "살인하지 말라"는 명령은 무의미하다. 창세기는 우리가 살인해서는 안되는 존재로 지음받았다고 명백히 말한다. 다음과 같은 근본적인 주장은 사람들의 주의를 좀처럼 끌지 못한다.

> 하나님이 그들에게 복을 주시며 하나님이 그들에게 이르시되 생육하고 번성하여 땅에 충만하라, 땅을 정복하라, 바다의 물고기와 하늘의 새와 땅에 움직이는 모든 생물을 다스리라 하시니라. 하나님이 이르시되 내가 온 지면의 씨 맺는 모든 채소와 씨 가진 열매 맺는 모든 나무를 너희에게 주노니 너희의 먹을거리가 되리라. 또 땅의 모든 짐승과 하늘의 모든 새와 생명이 있어 땅에 기는 모든 것에게는 내가 모든 푸른 풀을 먹을거리로 주노라 하시니 그대로 되니라. 하나님이 지으신 그 모든 것을 보시니 보시기에 심히 좋았더라. 저녁이 되고 아침이 되니 이는 여섯째 날이니라(창 1:28-31).

위의 구절만 보면, 하나님은 동물들까지도 채식주의자가 되기를 기대하신 것 같다. 하나님의 창조 목적은 퀘이커교도인 화가 에드워드 힉스가 평화로운 왕국(The Peaceable Kingdom)을 주제로 그린 그림에 훌륭하게 묘사되어 있다. 이 그림을 보면, 늑대와 양을 잡아먹기는커

녕 그 둘이 한데 어울려 지낸다. 인간만큼 폭력적인 존재가 없다는 사실은 하나님의 창조 목적을 우리가 얼마나 훼손했는지를 보여준다.

    대홍수 이후 하나님은 노아와 그의 가족에게 복을 주셨고 다시금 생육하고 번성하라는 명령을 내리셨다. 하지만 하나님은 창조 세계에서 무언가 심각한 문제가 일어났음도 간파하고 계셨다. 한때 아름다운 동산에서 인간과 대화를 나누며 서로 화목하게 지냈던 동물들이 이제는 인간을 두려워하고 무서워한다. 그들을 잡아먹고 살기 때문이다.

> 모든 산 동물은 너희의 먹을 것이 될지라. 채소 같이 내가 이것을 다 너희에게 주노라. 그러나 고기를 그 생명 되는 피 째 먹지 말 것이니라. 내가 반드시 너희의 피 곧 너희의 생명의 피를 찾으리니 짐승이면 그 짐승에게서, 사람이나 사람의 형제면 그에게서 그의 생명을 찾으리라. 다른 사람의 피를 흘리면 그 사람의 피도 흘릴 것이니 이는 하나님이 자기 형상대로 사람을 지으셨음이니라(창 9:3-6).

여기서 삶은 우울하고, 슬픔을 자아내며, 무질서한 것으로 묘사된다. 이것은 하나님께서 의도하신 세상이 아니라, 우리가 죄 가운데 그렇게 만든 세상이다. 십계명은 여기서 다른 사람의 피를 흘리고 동물들을 죽이며 사는 것은, 하나님의 뜻이 아니라고 우리에게 일깨운다. 식사시간에 감사기도를 드리는 관습은 동물들이 희생되어 식탁에 오른 것에 대해 하나님께 감사를 표하는 방식이다.

    이스라엘의 음식 규정이 까다로운 것은 이스라엘 백성들을 채식주의자로 만들려는 의도에서라고 랍비들은 말하곤 한다. 채식주의는 동물들의 아픔에 유달리 민감한 사람들이 보이는 특이한 관습이 아니다. 오히려, 육식을 거부하는 것은 세상을 향한 하나님의 계획을 기뻐하고 찬양하는 데 그 기초를 두고 있다. 이사야서가 이를 잘 표현하고 있다.

> 그 때에 이리가 어린 양과 함께 살며 표범이 어린 염소와 함께 누우며 송아지와 어린 사자와 살진 짐승이 함께 있어 어린 아이에게 끌리며 암소와 곰이 함께 먹으며 그것들의 새끼가 함께 엎드리며 사자가 소처럼 풀을 먹을 것이며 젖 먹는 아이가 독사의 구멍에서 장난하며 젖 뗀 어린 아이가 독사의 굴에 손을 넣을 것이라. 내가 거룩한 산 모든 곳에서 해 됨도 없고 상함도 없을 것이니 이는 물이 바다를 덮음 같이 여호와를 아는 지식이 세상에 충만할 것임이니라(사 11:6-9).

"여호와를 아는 지식이 세상에 충만"하고, 죄 가운에 잊고 있었던 것을 상기시키며, 타인을 죽이거나 해를 입히지 않고서도 살 수 있는 평화의 백성으로 우리를 변모시키며, 찬양으로 우리의 삶을 이끄시려는 하나님의 계획으로 이 계명을 받아들여야 한다.

이 같은 맥락에서 "이 계명은 그리스도인들이 전쟁에 참가해서는 안된다는 뜻인가?"라고 묻는다면, 이 계명을 찬양으로 우리를 이끄는 이 즐거운 초대를 율법의 요구사항으로 격하시키는 격이 된다. 그리스도의 십자가는 다른 사람이나 동물의 피를 흘리지 않고서도 생명을 유지할 수 있는 평화의 세상으로 우리를 인도한다. 예수님은 하나님 나라를 세우거나 방어하기 위해 살인－설령 자기방어를 위한 살인이라 할지라도－이라는 수단에 의지하지 않으셨고 하나님은 예수의 부활을 통해 그것을 지지하셨다. 예수님은 우리에게 세상의 길이 아닌, 세상을 이기는 십자가의 길을 보여주셨다. 그리스도인들은 이 세상의 폭력에 대해 거짓말하지 않더라도 그것에서 벗어날 수 있는 수단을 확보하게 된다.

> 주류 미국인들은 여러분이 칼을 뽑아 그들을 위해 투쟁할 것으로 믿고 있으며, 또한 여러분을 의지하고 있습니다. 잘못 알려진 신데렐라적인 자세, 동성애자 연합의 편향적인 선전, 여성이 남성을 혐오하는 것이 하나님에 대한 의무라고 떠벌리는 페미니스트, 한 손으로는 주먹을 불끈 쥐고 전투 의지를 다지면서 다른 한 손으로는 자신들이 선호하는 것을 찾기에 급급한 흑인들과 투쟁하기에는 우리들의 시간이나 자원은 태부족입니다. ('십계'에서 모세 역을 했던 찰턴 헤스턴의 전국총기협회 연설 중[13])

그리스도인들은 살인해서는 안될 뿐 아니라, 살인을 강요하는 방식으로 살지 말라고 요구받는다. 토마스 아퀴나스가 주목했듯이, 예수님은 화조차 내지 말라고 우리에게 이르신다(마 5:21-22). 아퀴나스의 말은 우리가 의분을 느껴서는 안된다는 것이 아니라, 우리를 시기와 자만심－우리가 가혹할 정도로 부당한 취급을 받았다는 억측을 낳게 만드는－에 빠지게 하는 유혹에서 건져 낼 성품을 함양해야 한다는 뜻이다. 그처럼 과장된 억측은 "살해"라고 불리는 살인으로 너무도 쉽게 연결된다.

제5계명과 그리스도인의 삶

칼뱅은 제5계명에 관해 매우 설득력 있는 말을 남겼다.

> 이 계명이 의도하는 바는 이것입니다. 주님은 인류를 하나로 묶으셨기 때문에 각 사람은 나머지 모든 사람들의 안전에 관심을 가져야 합니다. 요컨대, 하나님은 모든 폭력, 상해 및 이웃의 몸에 조금이라도 해를 가할 수 있는 일은 우리에게 금하셨습니다. 따라서 이웃의 목숨을 구하는 데 도움이 되는 것을 발견하면 응당 그것을 활용해야 합니다. 이웃의 평안에 이바지하는 것이 있다면 어느 것이든 준비해야 합니다. 이웃에게 해를 끼치는 일은 어느 것이든 물리쳐야 합니다. 이웃이 어떤 위험에 처하든 그들에게 손을 내밀어 도와야 합니다. 여러분은 하나님이 율법 수여자로서 말씀하신다는 점을 상기한다면, 동시에 이 계명에 의해 여러분의 영혼을 인도하시기로 작정하신다는 사실 또한 생각하기 바랍니다. 마음의 생각을 살피고 특별히 그것에 유의하는 사람이 참된 의로움으로 육체만을 훈련시킨다면 우스꽝스러운 일이 될 것이기 때문입니다. 그러므로 이 계명은 또한 마음의 살인을 금하며 내면의 의도에게 형제의 목숨을 구하라고 명령합니다. 사실상 살인을 낳는 것은 손이지만 살인에 대한 생각을 낳는 것은 분노와 증오로 더렵혀진 마음입니다. 형제를 해치겠다는 열망으로 불타지 않고서도 그에게 화를 낼 수 있는지 한

번 생각해 보십시오. 형제에게 화를 내지 않으면 그를 미워할 수 없습니다. 왜냐하면 증오는 분노가 그동안 죽 쌓여 온 것이기 때문입니다.…… 성령은 이렇게 선언한 바 있습니다.……"형제에게 노하는 자마다 심판을 받게 되고 형제를 대하여 라가라 하는 자는 공회에 잡혀가게 되고 미련한 놈이라 하는 자는 지옥 불에 들어가게 되리라"(마 5:22). (기독교 강요, 8:39, p. 404)

그러므로 제5계명은 우리로 하여금 폭넓은 관계에 대해 고찰하도록, 우리까지도 평화적인 백성이 될 수 있는 온갖 조건에 대해 고찰하도록, 우리로 하여금 폭력에 의지하지 않고서도 공생할 수 있는 백성으로 만들어 달라고 교회에 요구하도록 우리를 내몬다.

    이 계명은 믿음의 공동체(교회와 이스라엘)가 이러한 계명들에 의해 형성될 뿐 아니라 그 계명들에 대한 이론적 근거가 됨을 우리에게 상기시킨다. 말하자면, 비폭력을 만들어 내며 비폭력적인 삶에 대한 모델이 되고 그것을 지지하는 공동체가 없다면 이러한 계명들은 이상적이거나 몽상적이라는 인상을 줄 것이다. 이러한 계명들이 제 기능을 충분히 발휘하려면 결속된 삶을 보여주는 공동체, 서로 화해하며, 평화적인 방식으로 상대방을 대할 줄 아는 공동체가 전제되어야 한다. 갈등은 일어나게 마련이다. 교회는 갈등이 없는 장소가 아니라 고백과 화해의 수단, 대결과 용서의 수단을 받은 백성이 되라는 부름을 받고 있다. 그것에 의해 우리가, 폭력을 사용하는 것이 일상화된 세상과는 달리 갈등을 처리할 수 있게 된다.

    윌리엄 플래처(William Placher)는 교회 안에 네 개의 복음서가 존재한다는 사실은 경이로운 것이라고 말한다. 교회가 하나의 권위 있는 복음서를 정해 나머지 모든 복음서를 그것에 일치시켰으면 좋을 것 같은데 왜 그렇게 하지 않았을까? 플래처는 우리가 네 개의 복음서를 갖게 된 것은 교회가 비폭력을 실천에 옮기기 때문일 것으로 추측한다. 일치를 이루는 유일한 길은 다른 사람의 입에 재갈을 물리거나, 그 사람을 제외하거나, 인위적으로 강제하는 일이 될 것이다. 그러므로 더불어 평화를 실천하는 교회의 삶이 놀라울 정도로 풍성하고 다양한 공동체를 만들어 낼 수 있는 것은, 교회가 다양성이나 포용성과 같은 연약한 가치를 긍정하기 때문이 아니라 비폭력을 실천에 옮기기 때문이다.[14]

칼뱅은 십계명 설교에서, 하나님은 우리에게 완전하라고 요구하시는데, 어찌하여 계명은 우리더러 분을 내거나 살인하지 말라고 하는지 물었다. 그는 하나님이 살인을 금하신 이유를 다음과 같이 설명했다.

> 하나님은 위대한 사람들, 평범한 사람들, 그리고 별로 똑똑하지 않은 사람들에게 자신을 맞추기 위해 거칠고 투박한 표현을 사용하셨습니다. 그 까닭은 누구든 무지를 핑계로 자신을 변명하려 든다는 것을 우리가 알고 있기 때문입니다. 그리고 만일 어떤 일이 너무 모호하거나 어렵게 보인다면, 우리가 실패할 때 "그건 너무 고상한데다 난해하기까지 해서 제가 제대로 이해하지 못했습니다"라고 말하거나 그 일에서 손을 뗄 수 있을 것처럼 보입니다. 그러므로 사람들이 그러한 핑계에 의지하지 못하도록 하나님은 자신의 말을 어린 아

이들도 알아들을 수 있도록 쉽게 하겠다고 작정하셨습니다. 이런 이유로 그분은 요약해서 "살인하지 못한다"라고 말씀하시는 것입니다. (십계명 설교, p. 25)

칼뱅이 제5계명에 대해 한 말은 나머지 모든 계명에 해당된다고 말할 수 있다. 십계명은 놀라울 정도로 단순하며 간결하다. 제한을 두거나 얼버무리는 일이 별로 없다. 루터의 말대로, 하나님이 계명들을 통해 우리에게 말씀하실 때 그분은 "어린 아이의 말"을 쓰신다. 제5계명에서 하나님이 "평범한 사람들과 별로 똑똑하지 않은 사람들"에게 자신을 맞추실 만큼 "거칠고 투박하게" 우리를 다루신다는 것이 우리로서는 기쁜 일이다.

우리가 사람들과 교제할 때에도 평화로운 분위기에서 한다면 얼마나 좋을까. 하지만 우리의 약함과 어리석음을 아시는 하나님은 살인하지 말라고 단순히 명령하실 뿐이다. 살인하지 않으려면 궁극적으로 인내와 용기의 미덕을 길러야 하지만, 하나님은 지금 초보자들에게 살인하지 말라고 이르실 뿐이다.

우리 중 한 명이 메노파교도에게서 얻어 문간에 붙인 포스터에는 "이 세상의 그리스도인만이라도 다른 그리스도인을 죽이지 않기로 한다면……"이라는 표어가 쓰여 있었다. 포스터를 본 사람들이라면 누구나 우습다는 느낌을 받을 것이다. 그리스도인이든 아니든 살인해서는 안된다고 하는 그리스도인이 다른 그리스도인을 죽이지 말자고 하니 말이다.

평화를 원한다면 어디에선가 시작해야 할 평화를 향한 첫 걸음을, 요즘 사람들에겐 지나친 표현으로 들리겠지만, 다른 그리스도인들을 죽이지 않는 것에서 시작하자는 의미로 표어를 삼은 것이다. 그래서 메노파교도들이 그 포스터를 "평화를 위한 조심스러운 제안"이라고 적절하게 명명(命名)했던 것이다. 종교적으로 첨예하게 대립하고 있는 요즘 같은 상황에서 자신과 다른 그리스도인이나 종교인을 죽이지 않겠다고 결단하는 것만으로도 새로운 시발점이 될 수 있을 것이다.

계명들 가운데 가장 단순하면서도 간략한 계명인 살인 금령은 온갖 미덕과 기질—그중에는 단순하거나 손쉬운 것들도 있다—을 필연적으로 망라하고 있음을 칼뱅은 간파했다. 그는 이렇게 권고했다.

> 이 계명을 올바르면서도 순전하게 풀이하기 위해 하나님 의지하는 법을 배웁시다. 말씀하시는 그분은 누구일까요? 우리의 마음과 생각을 다스리시는 분이십니다! 얼핏 쳐다보는 식으로 하나님을 예배해서는 안됩니다. 그분은 우리가 눈으로 죄를 짓지 않는다고 해서 만족하시는 것이 아니라 영과 진리로 예배드릴 때 만족하는 분이십니다. 그분은 우리의 양심이 순수하고 때 묻지 않기를, 우리가 악에서 벗어나기를 바라십니다.
>
>   제 말은 틀림없습니다. 그렇기에 우리가 하나님의 본성을 염두에 둔다면 그분의 율법을 더 이상 외적 행위로 제한할 필요는 없습니다. 하지만 하나님이 살인에 대해 말씀하실 때 그분은 온갖 적개심, 온갖 분노, 온갖 성냄 그리고 우리가 동료들에게 품는 온갖 원한에 대해서도 동일하게 말씀하십니다. 사실상, 정확히 그런 이유

로 성 요한은 "그 형제를 미워하는 자마다 살인하는 자니……"(요일 3:15)라고 말합니다. (십계명 설교, p. 159)

우리에게 자연스러운 것(즉, 살인)을 행하지 않는 법을 배우면서 우리는 우리 자신이 얼마나 쉽게 상처받으며, 의존하는 존재인지를 배운다. 우리가 비폭력을 실천하고자 한다면 우리에게는 친구의 자잘한 도움 그 이상이 필요하다. 우리에게는 실로 우리 자신의 친구일뿐더러 또한 하나님의 친구가 될 이들이 필요하다. 이른바 "교회"라는 친구들이다.

제5계명을 이렇게 이해할 때 탐욕과 부의 축적같이 폭력을 야기하는 행위들은 회의(懷疑)의 대상이 된다. 부자가 되면 자신을 보호해주는 것을 장만했다는 착각―흔히 자기소외를 뜻하는―에 빠지는 경향이 있으며, 그 결과 동료들에게 협조할 필요를 거의 느끼지 못한다. 경비원들이 순시하고 경보 시스템이 장착되어 있으며 대문에 빗장을 채운 공동체 뒤에 쭈그리고 앉은 우리는 별로 부유하지 않은 동네 길가에서 일어나는 폭력에 대해서 걱정할 필요가 없다.

그 결과 우리는, 우리의 재물 안에 도사리고 있는 폭력을 보지 못한다. 우리는, 우리만의 안전한 거주지에서 평안과 안전감을 만끽한다. 폭력이란 도심의 우범지대 "바로 그곳에서" 일어난다. 우리가 누리는 안전은 다른 사람들의 희생 위에 얻어진 것임을 우리는 알지 못한다. 십중팔구 자기 파괴적인 도시의 폭력이 우리 자신에 대한 심판임을 우리는 알지 못한다. 그러나 제5계명은 우리의 재물과 우리가 "평화"라고 부르게 된, 질서라는 이름의 폭력을 인지하지 못한 것 사이에는 인과 관계가 있음을 명백히 밝힌다.

    제5계명이 교회 같은 평화 공동체를 필요로 한다고 해석될 때만 기독교가 낙태, 자살 및 안락사 같은 폭력에 반대하는 것이 이해된다. 우리는 말 그대로 이런 문제들이 우리 가운데서 발생하지 않도록 우리 삶의 질서를 세워 가야만 한다. 우리는, 우리 가운데 어느 누구도 너무나 외로운 나머지 자살을 유일한 해결책으로 생각하지 않도록 서로 더불어 살며 서로 사랑해야 한다. 우리는 노인들을 지극히 공경하고 보살펴 안락사는 먼 나라 이야기처럼 들리게 해야 한다. (다음 계명에 대한 논의에서 보게 되겠지만) 우리는 성적 환상으로 삶을 마감하는 것처럼 성관계를 가져서는 안된다. 성경에 나오지 않는 자살, 낙태, 안락사 같은 용어들은 하나님이 우리로 하여금 생명을 경외하게 하는 방식에 대해 폭넓게 이해할 수 있도록 도와주려는 의도를 지닌다. 따라서 만일 하나님이 계시지 않거나 우리의 생명이 우리 스스로 창조한 것이 아니라고 생각한다면 자신이 비참하게 느껴질 때 자살하지 않으며, 나이 들어 노쇠해진 사람들을 죽이지 않으며, 아직 세상에 태어나지 않은 태아의 목숨을 끊지 않는 행위는 무의미하며 또 무의미할 수밖에 없다.

    그러므로 하나님이 계시지 않는다면 무엇이든 허용된다는 종교적 우파(Religious Right)의 주장은, 도스토예프스키가 말했듯이 논리적으로 문제가 있다. 그들의 주장이 논리적으로 문제가 있다는 것은, 그들이 사회 질서를 "도덕적"으로 만들겠다는 명목 아래 하나님을 변호하면서 사회 질서에 관해 극도로 관심을 표명한다는 사실에서도 나타난다. 종교적 우파는 국가를 교회와 혼동한다. 그들은 십계명을, 사려 깊은 모든 국민들을 위한 보편적이며 일반적인 행동 규범으로 생각하지만, 십계명이 국가라는 공동체를 얼마나 뛰어난 사회로 변모시켰는지는 까맣게 잊고 있다. 우리 사회가 끔찍하리 만큼 폭력적인 사회로 전락한 것은, 그리스도인들이 평화의 하나님께 예배드림으로 나타나는 부산물인 비폭력 공동체로 교회가 탈바꿈하는데 실패했다는 데 원인이 있다. 종교적 우파가 간과하는 점은 그러한 실패가 하나님을 믿지 않는 세속주의자들 사이에서 일어나는 것이 아니라, 우리의 재물이 우리로 하여금 하나님의 이름으로 살인하게 만든다는 것을 깨닫지 못한 교회 속에서 벌어지고 있다는 점이다. 멋진 교회를 짓는 것부터 시작하여, 목회자 은급제도를 만들고, 마침내 교회가 이라크로 파병되는 군인들을 위한 콜린 파월의 기도문을 작성하는 데까지 이어진 것이다.

어떤 찬송을 불러야 하는지, 어떤 전례(典禮)를 따라야 하는지, 어떤 방식으로 예배드려야 하는지에 대해 우리 그리스도인들이 그렇게 세세하게 따지는 것은, 잘못된 전례는 필연적으로 잘못된 윤리로 이어진다고 십계명이 우리에게 가르치기 때문이다. 극단적으로 감상에 치우친 찬송으로 시작하면 초점 없는 기도가 뒤를 잇고 마침내는 절친한 친구를 살해하는 것으로 끝을 맺게 된다.

우리가 아는 한 젊은이는 대학 시절 대학교회 목사를 찾아가, 당시 치열하게 전개되던 이라크 전쟁이 수그러들 기미가 보이지 않는다면 자신이 징집을 당해도 이에 응할 생각이 없다고 털어놓았다. 그 이유를 묻자 그는 이렇게 답변했다. "저는 생물학을 공부하고 있습니다. 생물 학도들은 생명을 사랑하고, 공부하고, 이해하려는 노력을 기울이죠. 저는 죽음이 아니라 생명을 지지합니다. 그리스도인이기도 하고요."

그는 그리스도인이었지만, 그 점이 막 싹트고 있던 그의 평화주의를 제대로 드러내지는 못했던 것 같다. 그는 교회로부터 비폭력에 대한 가르침을 별로 받지 못했지만 그는 고향교회 목사를 만나 자신이 징집되더라도 등록하거나 참가할 뜻이 없음을 말했다.

목사는 "징집 거부는 우리 교단 입장이 아닙니다"라고 말했다. "평화주의는 이상주의자들이나 하는 현실과는 동떨어진 주장입니다. 만일 누군가가 형제의 아내를 성폭행한다면 형제는 보고만 있겠습니까? 구하려 들지 않겠습니까?" 목사는 이런 식으로 답변했다.

그러나 이 학생은 집요했다. 그는 자신이 난생 처음 사회의 흐름을 거슬렀으며, 부모의 기대를 저버렸고, 현상 유지(status quo)에 반기를 들었다고 생각했다. 그는 대학의 성경공부 모임에 등록해 사람들에게 기도를 요청했다. 몇몇 친구들이 따지고 들자 그는 자신의 평화주의적 저항에 따른 입장을 분명히 밝혔다. 또한 자신이 법을 어길 경우 자신을 지지해 줄 새로운 친구들을 얻기도 했다. 그는 본격적으로 교회에 출석하기 시작했다. 그는 폭력적 기미가 느껴지는 미심쩍은 대학 문화와 자신의 난잡한 성관계 사이에 모종의 연관성이 있다고 판단한 후에 사귀던 여자 친구와의 성관계도 끊었다.

나중에 그는 이렇게 술회했다. "비폭력을 실천에 옮기는 최선의 방법은 자신이 비폭력을 지향하는 사람이라고 과감하게 선언하는 것이다. 그렇게 하고 나면 쉬워진다. 당신의 힘으로는 그렇게 할 수 없다. 평화주의를 우습게 여기는 자들은 오히려 당신의 입장을 더욱 옹호하게 만드는데, 당신이 자신의 입장을 그들에게 옹호할 때보다 더 큰 확신이 생긴다. 그것을 믿는 자들은 당신 혼자의 새 친구가 되어 이것과 관련된 어떤 일도 당신의 힘으로 할 필요가 없음을 재확인시켜 준다. 내가 평화주의자임을 사람들에게 선언함으로써 그 어느 때보다도 더욱 큰 평안을 누리게 되었으니 그 친구들에게 고마울 따름이다."

이쯤 되면 당신은 "그렇다면 구약에 나오는 그 많은 전쟁은 대체 뭐란 말인가?"라고 반문할 것이다.

우리는 전쟁과 살인에 관련된 구약의 구절들을 모두 다룰 수는 없다. 구약에 나타나는 대부분의 전쟁들은 바람직한 것으로 찬양되기보다는 오히려 죄에 굴복한 결과로 묘사된다. 신약에 오면, 그리스도인들은 살인의 주체라기보다는 오히려 전적으로 살인의 대상이 된다. 설령 국가에 의한 합법적 살인이라 하더라도(대부분 그렇다) 신약이 그것을 긍정적으로 묘사하는 곳은 그 어디에도 없다. 여기서 우리가, 생명을 부여하시고 소유하시는 하나님만이 생명을 거두실 수 있는 권한이 있음을 분명히 밝힐 수 있기 때문이다. 성경의 기본 입장은 매우 분명하다. 생명은 하나님께 속한 것이다. 생명 그 자체가 목적은 아니다. 성경 어디에서도 생명이 본시 거룩하다고 말하지 않는다. 생명은 하나님의 창조물이다. 생명 경외사상은 하나님 경외사상과 같다. 순교의 예를 통해 알 수 있듯이, 이 세상에는 목숨을 바칠 만큼 고귀한 일이 많기에 생명 그 자체가 목적은 아니다. 우리의 본성으로 인해 생명은, 우리가 연약하며 우리의 생명이 복된 선물임을 일깨우면서 언제나 우리 곁을 떠나간다.

기독교 전통을 살펴보더라도, 전쟁을 기정 사실로 여기거나 자기방어라는 이름으로 치르는 전쟁을 보편적으로 정당화하는 경우는 어디에도 없다. 나아가 민주주의를 지키기 위한 전쟁이라 하더라도 사정은 마찬가지다. 민주주의가 비민주주의보다 덜 폭력적이라는 주장은 일고의 가치도 없는 거짓이다. 근대 역사를 살펴보면, 민주주의가 비민주주의 못지않게 자신의 적을 잔인하게 대한 것이 드러난다.

전쟁에 대한 기독교 전통은 뭇 사람들이 "정당한 전쟁"(Just War) 전통이라고 일컫는 것을 만들어 냈다. 정당한 전쟁 전통은 목숨을 빼앗을 권리가 있는 자들이 인간 사이에 내재되어 있는 폭력성을 통제하거나 제한한다는 명목 아래 그 권리를 행사해야 한다고 가정한다. 오직 고유 권한을 지닌 사람만이 정당한 전쟁을 결심할 수 있지만, 그것도 어쩔 수 없어서 그리고 분노하거나 자만하지 않는 방식으로 해야 한다. 게다가 전쟁은 정당한 수단으로 치러야 하는데, 이 말은 민간인에 대한 직접적인 공격은 절대 삼가야 한다는 뜻이다. 우리는 평화주의자인 동시에 평화주의자가 되려고 애쓰는 사람으로 이 책을 쓰고 있으며, 국가라 할지라도 생명을 빼앗을 권리는 없다고 생각하는 그리스도인이다. 그러므로 우리는 정당한 전쟁 전통을 옹호하는 자들과 더불어 매우 흔쾌히 대의(cause)에 동참할 작정인데, 이들은 끝모를 현대의 전쟁 양상에 중대한 제약을 가한다. 하지만 우리는 그러한 노력이 자칫 자신을 기만할 수도 있다고 생각한다. 왜냐하면 제한적 폭력 사용을 옹호하는 자들은 폭력의 제한적 사용이 언제까지인지를 좀처럼 질문하지 않기 때문이다.

확실한 근거 없이 공적 살인 권한을 정당화한 것으로 여겨지는 루터도 다음의 성경 구절이 우리에게 해당된다면 우리는 살인자일 수

밖에 없다는 아퀴나스와 칼뱅의 주장에 의견을 같이 한다. "내가 주릴 때에 너희가 먹을 것을 주지 아니하였고 목마를 때에 마시게 하지 아니하였고 나그네 되었을 때에 영접하지 아니하였고 헐벗었을 때에 옷 입히지 아니하였고 병들었을 때와 옥에 갇혔을 때에 돌보지 아니하였느니라"(마 25:43).

루터는 우리가 감옥에 갇힌 자들에게 찾아가지 않는다면 우리는 살인자들의 무리와 다를 바 없다고 말했다. 그는 부모를 대신해 처벌할 수 있는 권한을 행정 당국에 부여하기는 했지만 그러한 권한이 매우 제한적으로 사용되기를 바랐다. 관원으로서 생명을 취하는 자들은 늘 그렇게 생명을 취할 수밖에 없음을 증명해야 할 책임을 부담한다. 칼뱅은, 제아무리 정당한 전쟁이라도 목숨을 빼앗는 자들은 도덕적으로 타락했다고 말했다. "어째서 그럴까요? 중요한 것은 하나님이 우리를 지으시되 서로 평화를 누리며 살게 하셨다는 사실을, 우리가 전투에 대비해 무장할 때마다 그분의 창조 계획이 훼손되며 우리는 그분 앞에서 이미 더럽혀진 존재가 된다는 사실을 깨닫는 것입니다"(십계명 설교, p. 156). 때문에 중세시대에 정당한 전쟁에 참가했던 자들은 전쟁이 끝나면 자랑스러우면서도 의기양양하게 시가를 행진하는 것이 아니라 도리어 성찬식에 참여하기 전 무릎을 꿇고 참회하며 고백하라는 요구를 받았다.

우리 같은 사람들에게 살인하지 말라고 요청하는 것은, 우리가 하나님의 백성이 아닐 경우에는 정말 말도 되지 않는 것이다. 우리가 하나님의 백성이라고 믿기에, 십계명은 우리에게 살인하지 말 것을 매우 담대하게 요구하는 것이다. 그렇게 할 때 그 요구는 선물로, 구속의 기쁜 소식으로 변모한다. 우리가 지금 평화를 누리고 있으며, 하나님의 약속들이 진실한 것으로 행동할 때 우리는 평화를 사랑하는 백성이 된다. 하나님은 적지(敵地)를 일부 떼어내 하나님의 나라를 세우시기 위한 수단으로 우리의 신실함을 이용하신다.

율법이 위대한 선물이라는 이스라엘의 생각은 놀랍지 않은가?

6

간음하지 말라. _출 20:14

제6계명
간음하지 말라

앨라배마 주의 로이 무어 판사는 자신의 법정에 십계명을 부착했다는 이유로 1995년 시민자유연합과 앨라배마 자유사상연합으로부터 고소당했다. 몽고메리 카운티의 한 판사는 피고인 무어에게 십계명을 떼어 내라고 판시했다. 앨라배마 주 대법원은 유예 판결을 내렸지만, 포브 제임스 주지사는 주 방위군에게 소집령을 내려 연방법원으로부터 무어 판사와 십계명을 지키겠다는 약속을 했다.

앨라배마 주에 사는 우리의 친척 한 분은 이렇게 말했다. "주 의회 회의장에 십계명을 부착하고 싶어하는 의원들이 있는 모양인데, 신경 쓰지 말게나. 주 상원의원들은 간음죄와 관련해 어떤 해결책을 찾아낼 때까지는 회의장에 간음 금지 계명 같은 것들을 부착해서라도, 할 수만 있다면 간음죄에서 자신을 지키고 싶어할 테니."

루터는 우리가 살인 금지 계명을 통해 이웃과 공존하는 법을 배워야 한다고 말한 바 있다. 제6계명에서 우리는, 한 이불을 덮는 사람과 더불어 사는 법을 배우게 된다. 실제로 토마스 아퀴나스는 혼인에

배에서 아내와 남편이 "한몸"으로 불린다는 사실을 주목하면서 간음 금지 계명을 살인 금지 계명과 연관시켰다. 두 계명이 하나이기 때문이라는 것이다.

종교개혁자들은 간음 금지 계명을 단순히 배우자의 간통뿐 아니라 여러 형태의 부정(不貞)과 간음에까지 적용했다. 왜 그럴까? 간음하는 남자는 자신의 배우자에게 죄를 짓는 것이 아니라 결혼하지 않은 누군가와 성관계를 갖는 것이기 때문이다. 그렇다면 간음(fornication)은 어떻게 해서 간통(adultery)으로 불리게 되는가? 아퀴나스는 두 남녀가 세례를 통해 그리스도의 몸인 교회와 관계를 맺기 때문에 결혼을 통해 "한몸"이 된다는 이야기는 세례를 반영하는 것이라고 말한 바 있다.

아퀴나스는 제6계명을 설명할 때 간음을 포함하는 것에 부정적이었지만 추론을 통해 다음과 같은 결론을 도출했다.

> 간음—부부가 아닌 남녀가 성관계를 맺는 것—은 간통—결혼하여 배우자가 있는 사람이 배우자가 아닌 사람과 성관계를 맺는 것—과는 달리 아내의 몸이 더럽혀지는 것이 아닌데도 어째서 치명적인 죄라고 일컫는지 그 까닭을 모르겠다고 말할 사람이 있을 것입니다. 그러나 제 생각은 이렇습니다. 설령 아내의 몸이 더럽혀지지 않는다 하더라도 남편이 세례를 받아 성결케 되었을 때 그에게 그리스도의 몸이 주어집니다. 그러므로 남편이 아내를 저버려서는 안된다면 그는 그리스도에게 불성실해서는 더더욱 안되는 것입니다. "너희 몸이 그리스도의 지체인 줄을 알지 못하느냐. 내가 그리스도의 지체를 가지고 창녀의 지체를 만들겠느냐. 결코 그럴 수 없느니라"(고

전 6:15). (교리문답 교훈집, p. 102)

아퀴나스와 마찬가지로 루터와 칼뱅 또한 간통 금지 계명은, 간통은 물론이려니와 갖가지 형태의 음란한 행위와 추잡함을 금한다고 주장했다. 한때 기혼자들의 고유 영역으로 간주되었던 것이 이제는 놀랄 정도로 그 벽이 허물어졌다. 그리스도인은 기혼자든 미혼자든 순결을 지키라는 부름을 받는다. 루터에 따르면, 외적 행위뿐 아니라 온갖 부류의 원인과 동기, 수단도 금지된다.

> 여러분의 마음, 여러분의 입술, 그리고 여러분의 몸 전체는 순결해야 하며 어떤 경우에서도 음란을 부추기거나 장려해서는 안됩니다. 더욱이, 여러분은 여러분의 이웃이 위험이나 곤경에 처하거든 그를 방어하고 보호하고 또한 구제해야 하며, 그렇지 않은 경우라도 여러분의 이웃이 체면을 유지할 수 있도록 도와주고 거들어 주어야 합니다. (설령 여러분이 악을 예방할 수 없다 하더라도) 이것을 실행하지 않거나 여러분 자신과는 상관없는 일인 양 짐짓 모른 체한다면 여러분은 범죄자 못지않은 죄인이 되고 맙니다. 요컨대 누구든 순결한 삶을 살아 내며 자신의 이웃 또한 순결한 삶을 살아 내도록 도와야 할 책임이 있습니다. 그러므로 하나님은 모든 남편과 아내가 그분의 계명을 준수함으로써 죄악으로부터 지킴을 받고 보호받기를 원하십니다. (대요리문답, pp. 36-37)

어떤 이들에게는 이런 것들이 몸에 관해 너무 야단법석을 떠는 것처럼 보일지도 모른다. 어떤 신들은 영적인 문제에만 골몰하다보니 인간의 몸이 어떻게 사용되고 남용되는지에 대해서는 나 몰라라 하는 듯하다. 그러나 이스라엘의 하나님과 교회는 인간의 몸에 대해, 몸의 행위와 육체의 일, 우리의 그릇과 냄비와 성에 대해 분명한 소신을 갖고 계신다. 모든 기독교 신학자들은 마태복음 5:27-28의 렌즈, 곧 "'간음하지 말라'고 말한 것을, 너희는 들었다. 그러나 나는 너희에게 말한다. 여자를 보고 음욕을 품는 사람은 이미 마음으로 그 여자를 범하였다"라는 말씀을 통해 제6계명을 해석한다.

칼뱅은 특히 성 문제가 대두될 때 사람들이 상대방을 속이려 든다는 것을 주목하였다. 때문에 예수님이 정욕을 금하시는 것은, 사람들이 본의 아니게 정욕을 품을 수도 있다는 생각을 버리도록 하기 위해서다. 칼뱅의 제5계명 주석이 분노와 살인 사이의 인과 관계를 주목하였듯이 여기서도 감정적 기질을 행동과 연관 짓는다. 더욱이 칼뱅은 우리로 하여금 기만과 성적인 죄, 거짓과 간통 사이의 연관성에 대해 고찰하게 한다. 인간은 다른 어떤 영역보다도 성의 영역에서 더 많은 속임수를 쓰려 애쓴다. 윤리학자 폴 램지(Paul Ramsey)의 말대로, "당신을 사랑해요"라는 말은 "나는 나를 사랑해요. 그래서 당신을 이용하고 싶어요"라는 뜻일 때가 비일비재하다. 그렇기에 우리는 결혼 약속에 따른 사랑의 고백이 자기기만을 드러내는 증거는 아닌지 시험해 보아야 한다.

칼뱅은 육체 관계에 대해 논하면서 당대 신학자들이 흔히 연구 수단으로 삼았던 인류학—인간성에 대한 고찰—에 천착하는 대신에 신학으로 방향을 전환시켰다. 칼뱅의 말을 들어보자.

제6계명은 우리로 하여금 하나님의 본질에 대해 끊임없이 생각하게 하며, 그분이 외적 행위는 금하시되 악한 애정에 탐닉하는 것은 허용하시는, 이 세상의 입법자(Lawgiver)가 아니심을 깨닫게 합니다. 왜냐하면 하나님은 우리가 그분을 눈으로 섬기는 것을 바라지 않으시며, 또한 우리와도 같은 분이 아니시기 때문입니다. 인간은 자신의 결점을 깨닫지 못할 때 만족을 느끼지만 우리의 마음을 꿰뚫으시는 하나님은, 예레미아의 설명대로, 진실을 간파하십니다. 그분은 우리가 우리 자신의 몸을 그분의 율법으로 억제하기를 원하셨을 뿐 아니라 무엇보다도 우리의 영혼에 관심을 두셨습니다. 이제 우리는 하나님이 실제로 결혼을 더럽히거나 깨뜨리게 될 행위를 금하셨을 뿐더러, 온갖 호색과 악한 의도 또한 금하셨음을 주목합시다. 그런 까닭에 우리 주 예수그리스도는 음욕을 품고 남의 아내를 보는 자마다 하나님이 보시기에 이미 간음한 것이라고 말씀하십니다. 그가 호색에 빠진 것은 인간의 법을 어긴 것이 아니기에 처벌할 수는 없지만, 그럼에도 불구하고 하나님이 보시기에 그는 여섯째 계명을 위반했기 때문에 이미 정죄를 받은 것입니다. (십계명 설교, p. 171)

거듭, 우리에게는 참되신 하나님을 예배하는 것과 관련된 미덕, 곧 우리에게 낯선 방편을 제공하며 서로 평화롭게 살아갈 수 있는 미덕의 공동체에 참여해야 할 것을 전제하는 계명이 주어진다. 앞서 주목했듯이, 평화롭게 살기 위해서는 우리의 삶이 선물이며 새로운 생명이 선물로 주어진다는 인식이 필요하다. 예를 들어, 어떤 식으로든 낙태 문제를 성생활과 분리할 수는 없다. 성적 방종은 간과하면서 낙태를 결사 반대할 수는 없는 노릇이다. 낙태가 잘못되었으며 그리스도인들이 해서는 안되는 일이라면, 그것은 낙태라는 폭력을 행사할 수 있는 빌미를 공동체가 우리에게 제공하지 않았음을 전제로 한다. 그러므로 결혼은 우리의 삶을 확장해, 결혼을 통해 배우자를 선물로 받았을 뿐 아니라 자녀 또한 선물로 받을 준비를 하도록 훈련시키는 선물이다. 결혼과 그 안에 담긴 약속들, 그리고 결혼생활은 성 본래의 자기기만과 폭력으로부터 피할 수 있도록 하나님이 주시는 수단이다.

루터는 하나님이 간음 금지 계명을 십계명에 포함시킴으로써 결혼생활을 얼마나 소중히 여기시는지를 주목한다. 그는 하나님이 "모든 제도 가운데 결혼을 으뜸으로 세우시고, 남자와 여자를 달리 지으시되 성적 방종을 위해서가 아니라 서로 진실하게 대하고, 생육하고, 자손을 낳으며, 그들을 양육해 하나님의 영광을 드러내게 하셨음"은 의미심장하다고 말했다(대요리문답, p. 37).

제6계명과 그리스도인의 삶

이스라엘과 교회의 하나님은 신실하신 하나님이다. 하나님께서 택하신 백성의 역사를 살펴보면, 하나님은 우리가 그분을 사랑하지도 신실하게 섬기지 않았을 때에도 우리에게 신실함을 나타내셨다. 이 계명에서 남편과 아내는 자신의 보잘것없는 삶과 관계를 통해 하나님이 그들에게 보여주신 성실함을 어느정도 드러낼 기회를 갖는다. 부부가 결혼생활을 충실히 하는데 필요한 기술, 이해심, 고백 및 용서는 교회를 향해 신실하신 하나님께 어떻게 반응해야 하는지를 배우는 것과 유사하다.

구약에서는 우상숭배를 간음에 비추어 이야기하는 경우가 자주 있다. 앞서 말했듯이, 하나님을 저버리는 우상숭배는 정서적이며 인격적인 것이다. 우리가 하나님을 대하는 것처럼 성을 대하는 것은 옳은 일이고 그 반대 또한 마찬가지다. 배우자에게 죄를 짓는 것은 남편과 아내를 향한 하나님의 뜻을 저버리는 죄를 짓는 것이다.

십계명은 성을 공적인 영역으로 끌어들이면서 다소 충격적인 주장을 한다. 사람들은 성이 개인적이며 사적인 것이라는 생각에 길들여져 왔다. 그러나 십계명에서 성은 공적인 성격을 띤다. 하나님의 백성인 이스라엘의 미래는 전체적으로 여성과 남성이 성에 대해 어떻게 여기는지와 관련되어 있다.

간음 금지는 기혼자뿐 아니라 약혼자들에게도 해당된다(레 18:6-10; 20:10-21 비교). 여기서 분명히 드러나는 사실은, 두 가지 기준이 적용되고 있다는 점이다. 남자는 다른 남자의 아내와 정을 통할 때만 간음으로 규정되는 반면 여자는 기혼자든 미혼자든 남자와 정을 통할 때 간음으로 간주된다. 물론, 예수님은 우리가 앞에서 주목한 방식으로 제6계명을 정교하게 가다듬어 그 의미를 확대하셨다. 그 결과 그리스도인들은 간음 금지 계명을 여자들뿐 아니라 남자들에게도 적용하게 되었다.

십계명이 성을 중대한 사안으로 다루면서 현대 문화가 성에 대해 "손에 넣다"(scoring), "한 건 올리다"(hitting), "낚다"(hooking) 같은 속된 표현으로 성을 가볍게 여기는 풍토를 거부할 때, 그것은 어떤 의미가 있는가? 우리 시대는 성욕(sexuality)이란 지성적으로 독립된 사람들의 특징이라 생각하는 경향이 있지만, 성경은 그런 생각에 동의하지 않는다. 현대는 우리에게 성욕을 품으라고 가르쳐 왔다. 이 성욕은 만일 어떤 사람의 성적 욕구가 충족되어야만 (그리고 현대의 상황을 놓고 볼 때, 성적 욕망을 충족할 수 있는 방법이 비단 성 행위만이 아니라는 점을 생각한다면) 사람 구실을 할 수 있다는 전제에서 생겨난 것이다. 어떤 사람의 성적 표현을 부정한다는 것은 그의 인간성에서 최상의 부분을 부정한다는 뜻이다. 그 결과 세상은 성적 관심만이 중요하며, 성을 인간의 가장 흥미진진하면서도 가장 결정적인 모습으로 추켜세우기 위해 가엾을 정도로 애쓰면서 사람들을 "정상인", "동성애자", "트랜스젠더" 등으로 분류하는 수고를 마다하지 않는다. 오늘날 우리 사회가 성이라면 물불 안 가리는 곳으로 전락하게 된 한 가지 이유는, 자본주의가 성을 상품화하면서 성의 소비적 측면과 광고가 궁합이 잘 맞는다는 사실을 알았기 때문이다. 욕구 충족이 인간—오늘날, 사람들이 별 생각 없이 입버릇처럼 "소비자"로 일컫는—을 드러내는 독특한 표지가 되면서 성은 매디슨 가(Madison Avenue, 뉴욕시의 광고업 중심가)의 세계에서 화려한 각광을 받는다.

    이러한 풍토에서 그리스도인들은 결혼하거나 자녀를 갖기보다는 차라리 독신으로 살라고 부름—어떤 이는 평생토록—받고 있음을 되새길 필요가 있다. 교회가 성장하고 존속하는 원동력은 결혼이나 가정이 아니라 증언과 회개다. 성은 그리스도인이 할 수 있는 가장 흥미로운 활동이 아니다. 훈련을 받지 않은 개들도 짝짓기를 할 수 있다. 우리가 자녀를 갖는 것은 대를 잇는 것이 교회에 필요하기 때문이 아니라, 우리가 자녀들에게 증언하며 부모 된 자들이 자녀들에게 복음을 전하는 자로서의 사명을 감당하기 위해서다. 세례 받은 사람이라면 누구나 교회에서 부모가 되기 때문에 교회의 독신자들 또한 자녀를 돌보는 책임을 지게 된다. 독신자들은 교회학교 교사이자 신앙을 견고케 하는 멘토이며, 신앙의 모델로서 우리의 자녀들을 믿음으로 양육하는 데 기여하게 된다. 교회에서 자녀를 돌보는 독신자들의 소명 중에는 자신의 삶을 통해 성적 책임을 훌륭하게 완수하는 일도 포함된다. 이를 통해 교인들은 자신의 자녀들과 더불어 어떤 상황에서든 그들을 신뢰하게 된다.

그리스도인들이 굳이 결혼을 해야 그리스도에게 신실할 수 있는 것은 아니기에 우리는 결혼을 교회의 검증이 필요한 소명으로 여긴다. 자신의 사정을 교회에 설명해야 할 책임은 독신자가 아니라 기혼자에게 있다. 두 사람이 서로 사랑하고 상대방을 필요로 한다는 이유만으로 결혼해야 한다는 현대인들의 생각은 기독교의 가르침과 맞지 않는다. 그리스도인이 결혼해야 하는 단 하나의 바람직한 이유라면, 독신일 때보다는 기혼일 때 세례에 따른 소명의 삶을 보다 훌륭하게 살아 낼 수 있다는 확신 때문이다.

나아가, 사랑은 결혼의 열매이자 신실한 마음으로 배우자를 섬기는 것에서 비롯되는 결과이지 그 원인은 아니다. 혼인예배를 집례하는 목사는 "신부는 신랑을 사랑합니까?"라고 묻지 않고 "신부는 신랑을 사랑하겠습니까?"라고 묻는다. 여기서 사랑은 하겠다고 결심하는 그 무엇, 결혼의 동기가 아니라 결혼을 통해 앞으로 맺게 될 열매, 약속, 어떤 일에 대한 소명으로 정의된다. 사랑은 감정이 아니라 헌신, 약속, 하나님과 상대방이 우리에게 주는 선물에 보답하기 위해 하나님과 상대방에게 바치는 선물이다.

보다 구체적으로, 그리스도인의 결혼은 부부 상호 간의 쾌락이 아니라 공동체를 세우는 데서 그 정당성을 찾는다. 결혼의 즐거움과 기쁨은 개인적인 관심사가 아니라 공적인 헌신을 통해서만 누릴 수 있다. 우리가 성을 공적으로 다룰 때, 말하자면 보다 폭넓은 기독교 사역, 새로운 삶과 자녀에 대한 개방적 자세라는 맥락에서 성을 즐길 때 그 즐거움은 한층 더 커진다. 그 결과 우리는 "생육하고" 하나님이 의도하신 바로 그 창조성에 참여하는 주된 활동을 통해 기쁨을 발견한다.

가톨릭교회의 교리문답에서 순결을 기혼자와 미혼자 모두를 위한 기본 덕목이라고 정의하는 것은, 순결을 통해 그리스도인이 자신에게 주어진 "삶과 사랑의 힘을 온전히 유지"하기 때문이다. 이것은 "개인의 연합을 확실하게 하고, 그러한 연합을 훼손하는 어떤 행위도 반대하며, 이중생활과 표리부동한 언어를 묵인하지 않는다." 간통을 저지르며 이중생활을 실행에 옮기려면 거짓말을 밥 먹듯이 해야 한다. 그러므로 가톨릭교회는 교리문답에서 "순결에는 자유에 대한 훈련인 인내의 도제 기간이 따른다"고 말한다(p. 562).

교리문답에서 결혼에서의 정절이 진실함과 연결되어 있음을 주목하라. 결혼 언약은 투명한 의사소통을 위한 기회를 제공한다. 관계가 흔들린다고 생각되는 그 배후에는 거짓말이 있다. 남편과 아내 사이의 의사소통이 결혼의 약속들로 유지될 때 그들은 과감히 상대방에게 진실을 털어놓을 수 있다. 이것이 많은 이들이 결혼을 통해 제약이 아닌 자유를 맛보는 근거다. 결혼이야말로 온통 거짓투성이인 세상에서 상대방에게 진실을 털어놓는 최초의 경험이기 때문이다. 그리하여 결혼은 세례 받은 이들의 특징인 언어의 진실함을 연습하는, 교회 안의 장(場)이 된다.

때문에 그리스도인들은, 부부 간의 정절을 짐이라기보다는 독신으로 남았을 때보다 결혼이라는 관계를 통해 보다 나은 사람으로 변화된다는 사실을 발견할 수 있는 복으로 여긴다. 서로에게 진실할 수 있는 기회가 주어진다. 우리가 결혼의 약속들을 보다 오랫동안 지키려고 애를 쓰면 쓸수록 우리의 수고는 그만큼 덜어진다. 우리는, 우리가 공언한 그대로 된다. 심지어 성과 같이 쉽게 논쟁을 불러일으키며 불신의 위험이 잠재되어 있는 문제에 대해서도, 우리는 사람들의 신뢰를 얻을 수 있다. 우리의 본래 기질이 어떻든 우리가 결혼을 통해 더없는 행복을 누릴 수 있다는 사실은 하나님이 우리를 지으셔서 부부 간의 정절을 지키게 하셨다는 표지다. 약속을 지키며 신실한 마음으로 상대방에게 헌신할 때 우리는, 우리의 약속으로 말미암아 하나님께서 우리의 삶을 부부로서의 삶으로 변모시키셨다는 기쁨을 누리며 지나온 삶을 회상하게 된다. 그리스도인으로서 성을 즐기기 전까지 여러분은 바람직한 성생활을 한다고 말할 수 없다.

사람들은 이런 식의 추론에 반대하며 이렇게 따진다. "당사자들이 성을 즐길 이유가 있고, 누구도 상처를 받지 않는다면 혼외정사가 나쁜 것만은 아니다." 이러한 항변에 대한 답은 이미 상처받고 있다는 것을 알아야 한다는 것이다. 성적인 죄로 인한 어떤 상처는 시간이 지나 지난 일을 후회하게 될 때까지 깨닫지 못하는 경우가 허다하다. 게다가 우리가 성적인 죄를 상처로 생각하느냐 하는 여부와 상관없이,

그 죄는 공동체를 세우기 위해 진실한 삶을 살아 낼 수 있는 우리의 능력을 훼손한다.

결혼에는 연합과 출산이라는 두 가지 목적을 지닌다는 것이 교회가 지금까지 견지해 온 결혼관이었다. 부부에게 자녀가 없다고 해서 그들의 결혼이 불완전하다는 뜻은 아니다. 오히려 둘이 하나 되게 하는 결혼의 목적을 함께 이루어 간다고 보아야 할 것이다. 부부에게 자식이 없다는 것이, 적어도 교회와 관련해서 부모의 책무에서 벗어난다는 뜻도 아니다. 사실상 모든 교인이 세례 받을 때 부모의 책무가 주어지기 때문이다.

결혼의 목적 가운데 하나가 출산이므로 교회는 자녀야말로 결혼이 주는 가장 귀중한 선물이라고 단언했다. "가족 계획"이라는 용어는 그리스도인의 자녀관에 전혀 부합되지 않는다. 자녀는 우리의 선택이 아니라 우리를 위한 하나님의 선택이기 때문이다. 오늘날 자녀가 부모의 계획에 따라 결정되는 것으로 격하되면서 아이들은 많은 상처를 입는다. 자녀는 부모의 업적이나 권리나 계획 따위가 아니다. 자녀는 하나님의 선물이다. 물론, 이 선물이 때로 우리의 삶을 어지럽히고 온갖 무질서를 초래하기도 한다. 그러나 때로는 무미건조하고 초라한 우리의 삶에는 하나님이 주신 무질서라는 선물이 필요한 때가 있다. 그리스도인의 삶이란 그저 안락함만을 추구하도록 되어 있는 것이 아니기에, 하나님이 우리에게 안전 위주의 삶이 아니라 보다 흥미진진한 일이 벌어지는 삶을 주신다는 것을 알아야 한다.

더욱이 자녀들은 우리를 시간 속으로 이끌어 낸다. 스스로 신이 된 우리들이 정신없이 바쁘다는 핑계로 자녀의 존재를 무시하는 세상에서도, 그들은 우리로 하여금 그들의 존재 자체가 경탄 그 자체임을 즐거워하라고 다그친다. 시간을 창조하시고, 출애굽과 예수의 부활을 통해 시간 안으로 들어오신 바로 그 하나님께서, 우리로 하여금 우리의 시간을 구속하고, 자녀 보살핌이라는 중요한 문제에 우리의 시간을 쏟고, 미래가 불확실하고 두렵기는 하지만 자녀를 낳고 양육함으로써 미래를 앞당겨 살아갈 수 있는 수단을 하나님이 우리에게 주셨음을, 온 세상에 증언하도록 촉구하신다. 하나님을 믿는 믿음에 대한 가장 감동적인 간증이라면, 심지어 유대인들이 유대인 대학살의 와중에서도 기꺼이 자녀를 가졌다는 사실이다. 자녀에 대한 열린 마음은 국가가 아니라 하나님이 이 세상을 통치하시며 미래의 역사를 쓰신다는 우리의 믿음을 증언하는 것이다.

지금까지 성에 대해, 지나치게 도구적이며 조금은 무미건조하게 언급하지 않았나 하는 생각이 든다. 창세기를 보면 성은 처음부터 하나님이 창조하신 것이기에 인간은 그것을 마음껏 즐길 수 있었다. 그러나 죄가 들어오면서 성은 오염되었다. 정욕이 인간의 무질서를 드러내는 징후일 수는 있어도 죄는 아니다. 정욕은 사랑과 친밀감을 왜곡하여 상대방을 극단적으로 조작하는 행위의 일부다. 여자를 성폭행하거나 부모가 자녀 양육의 책임을 소홀히 하는 것은 그만큼 우리의 성이 무질서해진 결과이기도 하다. 때문에 교회는 두 사람 사이의 은밀한 합의 아래 이루어지는 이른바 비밀 결혼을 강하게 비난한다. 이와 반대로, 교회는 성(또는 성관계)이 공중 앞에서 떳떳한 것이어야 한다고 주장한다. 즉, 전통적 혼인예식에서 언급하는 "하나님과 이 증인들"과 같은 공중 앞에서 서로 헌신할 것을 서약한 경우에만 성

(관계)을 허락할 수 있다는 것이 교회의 주장이다.

문화와 계층 구분, 결혼하는 남녀의 독특한 차이에 따라 결혼은 다양한 방식으로 이루어진다. 결혼하는 남녀는 여러 면에서 판이하게 다르다. 하지만 그 어떤 차이도 제6계명에서의 일탈을 결코 정당화하지 못한다. 결혼하도록 부르심을 받은 그리스도인들은 또한 평생 동안 한 남편과 한 아내에게 충실하도록 부르심을 받는다. 독신의 그리스도인들은 결혼을 지지하라는 부름을 받는다. 이혼이나 재혼에 대한 어떤 논의도 제6계명과 이 계명이 지향하는 공동체를 염두에 두고 이루어져야 한다. 주류 개신교에 속하는 우리는 "은혜"에 대한 감상적 이해가 아니라 하나님에 대한 믿음을 염두에 두고 이혼이나 재혼의 문제를 제대로 논의한 적이 없었다. 우리가 한 일이라고는 그러한 결정을 개인 각자의 양심에 맡긴 것인데, 결과적으로 사람들은 자기기만에 빠지거나 소비문화의 노예로 전락하고 말았다.

그렇다. 결혼은 조작과 폭력이라는 소름끼치는 악몽이 될 수 있다. 결혼은 비폭력과 마찬가지로 홀로 실행에 옮기기에는 너무 힘들며, 판단하고 용서하고 증언하는 공동체 밖에서 행해질 때는 너무도 쉽게 왜곡된다. 오늘날 결혼이 불행해지는 것은, 사람들이 결혼에 헌신하지 않기 때문이 아니라 결혼에만 헌신하기 때문이다. 결혼은 공생의 성격을 띤다. 결혼은 다른 헌신의 뒷받침이 필요하며 또한 그것으로부터 힘을 얻는다. 결혼이 교회 전체의 일이 아닌 두 사람 사이의 관계로 축소되면 결혼은 붕괴되기 십상이다.

두 개인의 감성적·경제적 발전보다 더 큰 유익을 도외시한 채, 서로 별개인 두 개인이 그저 상대방에게 매달리는 관계가 되면 결혼은 필시 무너지고 말 것이다. 결혼이 각자 혼자 동떨어져 존재하게 되면 그 모든 장점에도 불구하고 인생의 짐을 짊어질 수 없다. 따라서 결혼에 관하여 생각할 때, 우리는 교회와 그리스도를 섬기는 소명을 먼저 생각한 후 결혼이 그러한 소명을 어떻게 드높일 수 있는지를 숙고해야 한다. 그리스도인들은 교회 안에서 이루어지는 결혼이 종잡을 수 없는 욕망으로부터 우리를 해방하며 일상에서―평범한 사람들과 함께 하는 대부분의 날들―하기 좋은 일거리를 우리에게 제공해 준다고 믿는다. 그러므로 제6계명은 불가능한 요구가 아니라 평범한 이들로 하여금 평생 부부 간의 정절을 지킨 비범한 성자가 되라는 은혜로운 초대다.

도덕적으로 혼탁한 세상에 살다보니 함께 성을 나누는 이를 돌보는 것 같은 평범한 일이 우리 자신을 대단한 사람으로 만든다. 이는 두렵기도 하지만 놀랍기도 하다.

얼마 전 우리 중 한 사람이 영국 성공회의 전도협의회에서 한 젊은이를 만났는데, 강연을 마친 후 우리 두 사람은 회의장 근처의 호수 주위를 산책했다. 그 젊은이는 내게 이렇게 말했다. "제가 보기에, 우리 성공회 신자들은 복음전도에 열성을 보이는 것 같지 않습니다. 활동적인 기질이 아니거든요. 우리는 조용히 신앙생활을 하는 편인 것 같습니다." "그렇기는 하죠." 내가 맞장구쳤다.

그러자 젊은이는 캘리포니아에서 만났던 한 아가씨 얘기를 꺼냈다. 첫 데이트는 순조로웠다. 대화는 생기 있었고, 별 문제 없는 듯했다. 날이 저물 무렵 그 아가씨는 "당신 집으로 갈까요, 우리 집으로 갈까요? 내일은 제게 중요한 날이 될 거 같아요"라고 제안했다.

"대체 무슨 얘길 하는 거예요?"라고 젊은이가 물었다.

그녀가 답했다. "제가 마음에 들지 않나요?"

"마음에 들기는 하죠." 그가 말했다. "하지만 이제 첫 데이트였을 뿐인데! 당신이 어떤 사람인지 아직 모르는데 이건 너무 성급한 일 아닌가요?"

"하지만 저는 첫 데이트 상대와 항상 그렇게 해왔거든요." 그녀가 답했다.

"난 아니에요!" 그는 언성을 높였다.

"무슨 특별한 이유라도 있나요?" 그녀가 물었다.

"왜냐하면…… 나는 성공회 신자거든요." 그가 답했다. "우린 아무하고나 안 잡니다."

"성공회 신자라고요. 그게 뭐죠?" 그녀가 물었다.

"말하자면, 여러 그리스도인 가운데 한 부류죠." 그가 답했다.

그러고 나서 그 청년은 그녀에게 자기 교회 이야기를 들려주었다. 그녀는 난생 처음 듣기라도 하듯 그가 하는 이야기에 푹 빠졌다. 때를 놓칠세라 그는 그녀에게 다음 주일 교회로 초대했다. 그녀는 승낙했다. 교회는 그녀가 이제껏 경험해 보지 못한 근사한 곳이었다. 3주가 지나 그녀는 신부에게 세례를 베풀어 달라고 요청했다. 그들은 더 이상 데이트를 하지 않지만, 그녀는 성공회라는 새친구를 사귀게 되었다.

요즘 들어, 품행은 그리 좋지 않지만 제6계명을 지키는 사람이 남 캘리포니아에 한 사람만 있어도 군중들의 시선을 모으기에 충분할 것이다. 그런 사람을 일컬어 우리처럼 성자가 되려고 애쓰는 평범한 청년이라 하자.

7

도둑질하지 말라. _출 20:15

제7계명
도둑질하지 말라

에베소서의 저자는 에베소 교회의 성도들을 다음과 같이 권면한다. "도둑질하는 자는 다시 도둑질하지 말고 돌이켜 가난한 자에게 구제할 수 있도록 자기 손으로 수고하여 선한 일을 하라"(엡 4:28). 교회에 도둑이라니! 도둑질하지 말고 선한 일을 하라고 권면하는 그 이유가 흥미롭다. 재산은 소유하기 위한 것이 아니라 "가난한 자를 구제하기" 위해 있다는 말이다. 이보다 더 흥미로운 것은 복음 전도가 단순히 "우리 같은 사람들을" 모으는 것이며, 복음이 너무 흥미진진한 나머지 도둑까지도 매료된다는 사실이 아닐까 싶다. 재미있는 사실은 회중들 가운데 도둑질하는 이들이 있으리라고 초대교회 설교자들이 생각했다는 점이다. 기독교적으로 볼 때 평범한 사람들이 언제 도둑질하게 되는지 알게 된 것은 큰 성과라 할 만하다.

    토마스 아퀴나스는 말한다.

"살인하지 말라"는 계명은 우리 이웃에게 직접 해를 끼쳐서는 안된

다고 말한다. "간음하지 말라"는 계명은 배우자에게 해를 끼쳐서는
안된다고 말한다. 그리고 이제 "도둑질하지 말라"는 계명은 우리 이
웃의 물건에 해를 끼쳐서는 안된다고 말한다. 이 계명은 세상의 어
떤 재물이든 부정한 방법으로 탈취해서는 안된다고 말한다. (교리문
답 교훈집, p. 105)

무엇이 우리 소유고, 무엇이 이웃 소유인지, 그리고 불법으로 재물을 탈취한다는 것이 무슨 뜻인지를 우리가 잘 모르고 있다는 사실이 오늘날 이 계명에 따르고자 할 때 생기는 어려움이다. 기독교 전통에서는 우리가 아름다운 창조 세계에 사는 피조물임을 염두에 두면서, "우리 소유"는 무엇이든 하나님의 선물이요 은혜라고 생각해 왔다. 그러므로 재물은 모두의 소유로 보는 것이 타당하다. 우리의 재물은 어떤 것이든 더 큰 유익을 위해 사용되어야 한다. 우리가 헌금할 때 부르는 찬송을 보자.

나 가진 모든 것 그 무엇이든지
다 주님의 것이오며 또 주셨나이다.
이 풍성한 은사 나 받았사오니
주 축복하심 감사해 첫 열매 드리네. (찬송가 69장)

아퀴나스가 볼 때 지불해야 할 임금을 체불하는 것도 도둑질에 해당한다. 물건을 사고팔 때 어떤 형태로든 속임수를 쓰는 것도 도둑질이다. 총회장이 되기 위해 돈을 써가며 선거운동을 하는 것 같이, 세속

적 또는 종교적으로 명예로운 자리에 오르기 위해 돈을 쓰는 것도 도둑질이다.

절도란 어떤 부정한 수단을 써서 재물을 모으는 것이라고 주장하는 루터는, 이 문제에 있어서 아퀴나스보다 단호한 입장을 취한다. 루터는 이 세상이 하나의 절도 체제―우리를 지배하는 모든 죄 가운데 도둑질이 이 세상에서 가장 흔한 기술이 된 체제―라는 가정에서 출발한다. "우리가 인간의 모든 형편을 살펴보면 그것은 대도(大盜)들로 가득 찬, 거대한 소굴에 지나지 않는다"(대요리문답, p. 40). 나아가 루터는 이렇게 말했다. "도둑질은 널리 만연된 흔한 죄악이면서도 사람들이 눈곱만큼도 신경 쓰지 않기 때문에 도저히 어찌할 수 없는 지경에 이르렀다. 만일 도둑―자신이 도둑이라는 사실을 선뜻 시인하지 않겠지만―을 죄다 교수형에 처한다면 이 세상은 순식간에 텅 비게 될 것이고, 사형 집행인과 사형대 모두 태부족일 것이다"(p. 39).

루터는 왜 이처럼 충격적인 주장을 했을까? 그는 아퀴나스와 마찬가지로 어떤 사람이 돈을 슬쩍하거나 소매치기를 할 때뿐 아니라 "시장에서, 식료품 가게에서, 정육점에서, 포도주와 맥주 저장소에서, 작업장에서, 물건이나 노동에 대해 돈을 지불할 때마다" 이웃을 속이는 것은 도둑질이라고 생각했기 때문이다. 아마도 루터는 칼 마르크스가 자본주의를 합법화된 절도 체제로 묘사했을 때 그리 놀라지 않았을 것이다.

우리의 삶이 욕망의 포로가 되어 있음을 고려할 때 현대인들은 간음 금지 계명을 가장 부담스러운 것으로 생각하기 쉽다. 하지만 그렇지 않다. 우리에게 가장 버거운 계명은 도둑질과 거짓말을 다루는 계명들인데, 그 까닭은 이 계명들이 우리의 삶이 토대를 두고 있는 거짓된 마음을 적나라하게 드러내기 때문이다. 우리가 도둑질과 거짓말에 얼마나 깊이 연루되어 있는지 깨닫지 못하게 만드는 체제에 사로잡혀 있다는 사실을 우리는 인정하려 하지 않는다. 거짓은 진실에 기생하며, 기꺼이 진실을 말하려는 사람들에 의해서만 드러날 뿐이다. 마찬가지로 도둑질 또한 여러 이해 관계에 따라 미국 헌법의 토대가 되는 가정, 즉 우리는 본질적으로 자기 본위적이며 이기적인 피조물이어서 "우리 소유"로 삼아야만 존재할 수 있다는 가정에 대한 대안이 있을 때라야 비로소 그 정체가 드러난다. 교회는 민주주의와 헌법에 기초해 세워진, 이기주의가 만연한 이 세상에 복음을 전하고 제7계명을 위반한 벌은 지옥이라고 선언해야 할 책임을 다하지 못했다. 교회는 미국 최대 장난감 회사인 토이저러스(Toys R Us)나 다단계 마케팅 회사인 암웨이(Amway) 같은 회사를 대신할 대안을 세상에 제시하지 못했다.

토마스 아퀴나스는 이 점에서 한 치의 양보도 하지 않았다. 그는 절도죄를 살인 같은 중죄로 여겼다. 아퀴나스는 외경의 집회서(Ecclesiasticus) 34:21-22을 인용하면서 다음을 주목한다. "궁핍한 자들의 떡은 그들의 생명이다. 따라서 그들을 등쳐먹는 자는 살인자이다. 남의 피를 흘리는 자와 자기가 부리는 하인들을 등쳐먹는 자는 형제간이다"(교리문답 교훈집, p. 106).

칼뱅은 아퀴나스와 마찬가지로 도둑질을 살인과 연관시킨다. 그는 부자들이 흔히 자신의 권력을 이용해 가난한 이웃들을 학대하고 그들의 재산을 빼앗으며, 이를 견디다 못한 그들이 도둑과 살인자로 전락하는 현실을 주목한다. 칼뱅은 부자들이 가난한 자들을 착취하는 행위는 단순한 도둑질이 아니라 살인이라고 주장한다. 그는 도둑질이 사람들의 박수를 받으면서 점차 악해지고 있음을 주목한다. 사실상 도둑이 사람들의 박수만 받는 정도가 아니라 영웅시되기까지 하는 것은 그가 대도(大盜)이기 때문이다. 도둑질로 재산이 늘어나자 사람들이 그에게 빌붙어 약간의 이익이라도 얻을 수 있지 않을까 하는 마음에 도둑은 선망의 대상이 된다. 때문에 이 세상이 없어지지 않는 한 사람들은 도둑질로 높임을 받는다.

그러나 칼뱅은 어떤 이유로든 도둑을 떠받들어서는 안된다고 경고한다. 성경은 우리 가운데 언제나 도둑들이 있게 될 것이라고 분명히 말한다. 도둑들의 존재를 감안할 때 도둑질이 무엇인지를 어떻게 알 수 있을까? 도둑질이 무엇인지 정말 알고자 한다면 우리는 이웃에게 선을 베푸는 일이 어떤 의미인지를 고찰해야 한다고 칼뱅은 제안한다. "우리가 이웃의 물건을 빼앗거나 가능한 모든 수단을 동원해 그들의 소유물을 탈취해 우리의 재물을 불린다면, 우리는 이웃에게 정의를 행하는 것이 아닙니다. 우리가 어떤 식으로든 악을 행하거나 부당한 수단을 쓴다면 우리의 잘못이 명백하기 때문입니다"(십계명 설교, p. 190).

도둑질이 무엇인지를 알려면 선을 베푸는 것이 무엇인지 제시하는 긍정적인 대안이 있어야 한다는 칼뱅의 주장은 분명 옳다. 과거에 그런 대안을 일컫는 한 가지 방식은 이른바 공동선(common good)이었다. 공동선이란 단순히 개인 이익의 총합이 아니라, 공동체를 형성하는 관습들과 별도로 그것이 존재할 수 없다는 점에서 참으로 공동체 모두의 선이라 불린다. 예술과 공동체가 그러하듯 공원 역시 공동선을 형성한다. 현대 사회의 특이한 병리 현상은 마땅히 공동체 모두의 것이 되어야 할 것을 사유화한다는 사실이다.

문제는 우리 중 대다수의 부자가 부자가 되기 위해 "노력한" 적도 없다는 것이다. 그저 운이 좋았을 뿐이다. 그러나 우리는 어쨌거나 우리 자신이 부자가 될 만했다는 것이 중요하다고 말하지, 도둑질에 토대를 둔 제도 덕분에 부자가 될 수 있었다고는 생각하지 않는다. 우리는, 우리 자신이 바로 이 경우일지도 모르고 그런 방식으로 계속 살아가게 될지도 모른다는 사실을 어떻게 알 수 있는가? 우리는 알 수 없다. 우리는 우리의 재물이 어떻게 우리를 망가뜨리는지 알지 못한다.

부자들의 탐욕은 끝이 없고 그들은 만족을 모른다. 가진 것이 많다보니 그것을 잃지 않을까 하는 조바심에 재물을 지키려면 더 많이 모아야 한다고 생각한다. 때문에 그들은 괴로움에 시달리고 가진 것을 누릴 줄 모른다. 재물이란 외로움의 다른 이름일 뿐이다. 요컨대, 부자들은 하나님이 지으신 아름다운 창조 세계에서 평안을 누리는 법을 도무지 알지 못한다.

유산에 대한 질문을 받은 예수님(눅 12:13-21)은 비유로 어리석은 부자, 곳간을 크게 지어 평생 걱정 없이 살고자 했던 부자 이야기를 들려주셨다. 그 비유에 등장하는 부자는 처음부터 끝까지 혼잣말로 일관한다. "이렇게 해야겠다. 우선 곳간을 헐고 새로 크게 지어야지. 내 영혼에게, '영혼아, 평안하라', '내가……'" 그 부자는 어떻게 하면 보다 큰 유익을 위해 자신의 재물을 쓸 것인지에 대해서 이야기할 필요를 못 느끼기에 내내 혼자서만 말한다. 바늘에 실 가듯, 재물과 외로움은 그렇게 공존한다.

그 부자는 "영혼아…… 평안하라" 혼잣말 하지만 평안은 요원하기만 하다. 끊임없이 도는 쳇바퀴처럼 그의 욕망이 멈출 줄 모르기 때문이다.

그러므로 부자들은 제7계명뿐 아니라 제3계명까지도 위반하는 셈이다. 그들에게 안식일은 낯선 단어다. 부자들이 안식일 준수 명령을 무시할 수는 있어도, 하나님의 진노와 징계에서 벗어나지는 못할 것이라고 루터는 말했다. 설령 부자들이 하나님을 무시하고 방자하게 행하며 자신의 재물로 변화무쌍한 인생으로부터 자신을 안전하게 지킬 수 있을지는 모르나, 결국에는 자신이 뿌린 씨앗의 열매를 거두어야 할 것이다. 그들은 마침내 하나님의 심판을 받게 될 것이다.

그들로 하여금 가능한 한 오랫동안 대담하게 사람들을 속여 빼앗게 하라. 하나님은 자신의 계명을 잊지 않으신다. 그분은 그들이 뿌린 씨앗의 열매를 거두게 하실 것이다. 그들은 하루가 멀다 하고 가난한 자들을 등쳐먹는다. 가난한 자들에게 새로운 부담을 주며 터무니없는 가격을 제시한다. 제 멋대로 우쭐대고, 거드름 피우며 시장을 교란한다. 조금도 거리낌 없이, 기분 내키는 대로 물건을 아주 비싸게 파는 것이 자신의 권리요 특권인 양 말이다. 우리는 그런 작자들이 강탈하고, 가로채고, 사재기하는 것을 지지하고 묵인할 것이다. 그러나 우리는 하나님이 이 문제를 간과하지는 않으실 것으로 믿는다. 그들이 오랫동안 아끼고 아낀 후에 하나님은 그들에게 이런 부류의 복을 선언하실 것이다. "너희의 곡식은 곡창에서, 너희의 맥주는 저장소에서 부패될 것이다. 너희의 가축은 외양간에서 죽게 될 것이다. 그렇다. 너희들이 돈 한푼에 눈이 멀어 사람들을 속이고 등쳐먹은 곳에서 너희가 쌓아놓은 모든 재물이 녹이 쓸 대로 쓸어 그것을 결코 즐기지 못하게 될 것이다." (대요리문답, p. 41)

한 세대 전, 영국의 소설가이자 시인이었던 러드야드 키플링(Rudyard Kipling)은 캐나다 맥길대학 의과대 졸업식에서 이런 축사를 했다. "여러분이 이제 사회에 진출하면 돈을 많이 벌지도 모르겠습니다. 살다 보면 언젠가 여러분은 그 많은 돈을 아주 하찮게 여기는 사람을 만나게 될 텐데, 그때에야 비로소 여러분은 자신이 얼마나 가난한지를 깨닫게 될 것입니다."[15] 우리는 우리가 지은 죄로 인해 그리고 죄 때문에 심판을 받는다.

불필요한 재산을 갖고 있으면 자녀들의 인생이 망가진다. 부모 된 자들이 재물을 바라면서 그것의 파괴적인 속성을 간파하지 못하면 자녀들은 분명 해를 입게 될 것이기 때문이다. 성경의 경고대로 죄는 대를 이어 전수된다. 칼뱅의 말을 들어보자.

> 약탈과 도둑질을 일삼으며, 평생 하나님의 진노를 자초한 아버지를 예로 들어봅시다. 그는 살인죄를 지었습니까? 글쎄, 이 사람은 자기 자녀들이 작은 왕이라도 되어야 한다고 생각하겠지요. 그런데 만일 이 자녀들이 사업을 시작할 요량으로 얼마간의 돈을 물려받고 정직하게 일하는 법을 배운다면, 그들은 만족할 만한 액수보다 더 많은 돈을 만지게 될 것입니다. 그러나 자녀들이 불법으로 취득한 재물을 신뢰하는 한, 아버지는 그들의 목에 교수형 집행인의 올가미를

치거나 끔직한 죽음을 맞이하도록 하는 셈입니다. 왜 그럴까요? 하나님의 진노가 부정 이득과 도둑질을 통해 얻은 모든 재물을 다 삼켜 버리기 때문입니다. 누가 보더라도 그런 사람의 집은 저주받아 마땅합니다. 왜냐하면 하나님은 도둑들과 그분의 신적 위엄을 비웃는 사람들 모두를 징계하시는 의로운 심판관이시기 때문입니다. 여러분이 이 문제에 관해 그들에게 이야기한다면 하나님을 조롱하는 그들은 "글쎄요, 지금은 더 많은 돈을 벌어야 할 때가 아닙니까?"라고 반문할 것입니다. 그들은 언제나 이런 식입니다. 그리고 가난한 사람들이 그들과 맞설 힘도 영향력도 없을 때, 불쌍해라! 그들은 스스로 죄악의 구렁텅이에 빠집니다. 그러면 어떤 일이 생길까요? 이 사람들이 그처럼 어리석고, 하나님의 인도함을 받아 천국의 삶을 영위할 수 없으며, 또한 하늘나라에 들어가지 못하는 것을 대수롭지 않게 여기는 것을 아시는 하나님은 이렇게 말씀하십니다. "보라, 나는 너희들이 심판받을 날을 이미 정했다. 이제 나는 심판에 착수할 것이다. 나는, 부정하게 모은 재물에 저주를 내리고, 부정한 재물을 잠시 동안 가지고 있는 사람들에게서 그 재물을 반드시 빼앗을 것이다. 그리고 그들과 그들의 부정한 재산 둘 다 불에 태울 것이다." (십계명 설교, pp. 198-199)

"엠티비(MTV, 미국의 음악 전문 방송—편집자)는 열네 살짜리 아이들을 노리지 않습니다. 다만 그들을 우리 소유로 만듭니다." 엠티비의 회장 봅 피트맨의 말이다.[16] 루터의 말대로 당신의 딸을 제물로 바치는 대상, 그것이 바로 당신의 신이다.

온갖 치부가 드러나는 와중에 우리가 부자라는 사실을 문제 삼는다는 것은 너무 논리를 단순화한 게 아닌가 싶다. 모든 부자들이 도둑질해서 부자가 된 것은 아니다. 우리는 우리가 부자이기에 부자 대접을 받을 만하다고 단순히 생각한다. 이 세상은 스스로 창조되고 우리의 소유는 우리 양심의 기준에 맞출 필요는 없기에, 우리가 획득한 부는 어느정도 정당해 보이기도 하다. 여기에는 도둑질이란 것은 없지만, 우리는 말 그대로 재물 때문에 죽어가고 (또한 죽이고) 있다.

얼마 전만 해도 교인들이 가정에서 겪는 최대 문제는 재물에 관한 것이었다. 회중들이 "부유한" 사람들이 아니라, 공장 노동자들, 중산층이었음을 감안한다면 이 말이 이상하게 들릴지도 모른다. 이 사람들은 그들의 가정에서 가장 먼저 자신들의 가족을 위해 돈을 쓸 수 있었다. "바람직한 부모"이기를 바랐던 그들은 자녀의 "바람직한 삶"을 위해서 자동차와 옷 그리고 악세사리 등을 구입하는 것이 그렇게 되는 유일한 길이라고 생각했다. 아이의 인생을 망가뜨리는 데 많은 돈이 들지 않는다. 겉으로 보면 우리 아이들은 반듯하게 행동하는 듯하지만 우리의 재물로도 아이들은 어쩌지 못한다. 그들은 부질없는 소비 욕구에 사로잡혀 소망 없는 사람들이 된다.

이러한 관점에서 여피족(Yuppie)[17]은 현대의 구도자라 할 수 있다. 부유한 여피족들은, 인생의 과제란 부모 세대보다 더 많은 돈을 벌어 좀더 나은 소비생활을 하는 것이라고 믿으며 자랐기에 자녀 갖기를 꺼린다. 여피족들이 궁극적으로 딩크족(Dinks)[18]이 되는 경우가 허다한데, 그것이 그들의 신에게 드리는 최고의 희생제사다. 자녀를 두지 않는다고 해서 딩크족이 이기적이라고 말하기는 어렵다. 딩크족의 결혼 목적은 오로지 자신들만을 위한 것으로 이는 일종의 금욕 훈련이라고 할 수 있는데, 그들이 삶의 무의미함을 다음 세대에게 물려주고 싶지 않기 때문이다. 분명 우리는 우리가 가진 재물로 인해 죽음에 이르고 있다. 부자가 되면 괴로움이 클 것이라고 성경은 분명한 어조로 귀가 닳도록 경고하는데, 우리의 불행이 이를 여실히 보여주고 있다.

제7계명과 그리스도인의 삶

성경에서 야고보서만큼 부자들, 특히 교회 안의 부자들을 불편하게 만들고 두렵게 하는 곳은 별로 없다.

> 들으라 부한 자들아, 너희에게 임할 고생으로 말미암아 울고 통곡하라. 너희 재물은 썩었고 너희 옷은 좀 먹었으며 너희 금과 은은 녹이 슬었으니 이 녹이 너희에게 증거가 되며 불 같이 너희 살을 먹으리라. 너희가 말세에 재물을 쌓았도다. 보라, 너희 밭에서 추수한 품꾼에게 주지 아니한 삯이 소리지르며 그 추수한 자의 우는 소리가 만군의 주의 귀에 들렸느니라. 너희가 땅에서 사치하고 방종하여 살육의 날에 너희 마음을 살찌게 하였도다. 너희는 의인을 정죄하고 죽였으나 그는 너희에게 대항하지 아니하였느니라(약 5:1-6).

이 말씀은 "도둑질하지 말라"에 대한 기독교적 해석이다.

물론 우리는 이렇게 변명하려 한다. "수백 억 정도 갖고 있는 사람들이 진짜 부자지, 우리가 무슨 부자겠습니까. 기부를 했으면 했지, 우리는 야고보 사도가 말하는 그렇게 준엄한 심판을 받을 만한 짓을 한 적이 없습니다. 우리는 그저 하루하루 근근이 살아가는 사람들입니다."

물질적으로 투명하지 못하다는 지적을 받고 기분 좋을 사람은 없다. 사람들이 자신의 본 모습을 감추려하는 데는 그만한 이유가 있다. 거짓말과 재물은 손발이 잘 맞는다. 사실상 부자가 된다는 것은 자신의 실상을 감추는 것과 같다. 예를 들어, 부자가 된 것은 그저 자식들을 위한 것이라고 말하는 것처럼 기만적인 일이 있을까? 사실상 재물 그 자체가 아니라 재물을 대하는 우리의 자세가 문제다. 그러한 생각은 우리 자신을 꼬드겨 속게 만드는 수작일 뿐으로 저주받을 짓이다. 우리는 "네게 구하는 자에게 주며 네게 꾸고자 하는 자에게 거절하지 말라"(마 5:42)는 말씀을 듣기만 하지 이 말씀을 지침으로 생각하지는 않는다. 그러한 지침이 우리의 삶에서 구현될 수 있다고 생각하지 않는 한, 우리는 도둑이 될 수밖에 없다. 요한 크리소스톰이 단언했듯이, "가난한 자들과 더불어 우리의 물건을 나누지 않는 것은 그들에게서 도둑질하고 그들의 목숨을 빼앗는 것과 같다. 우리가 갖고 있는 물건은 우리의 소유가 아니라 그들의 소유다"(나사로에 관한 설교 2.5).

분명, 오늘날 우리의 삶에 있어서 가장 강력한 도전은 의미 있는 일의 중요성이다. 우리가 하는 일이 무의미하다면, 다시 말해 우리가 일을 통해 이웃을 섬기고 있다는 느낌을 받지 못한다면, 그 일은 한낱 사회적 지위와 권력을 획득하는 수단으로 전락할 뿐이다. 우리는 대접받는 자리에는 오르고 싶어하지 그들을 섬겨야겠다고 생각하지 않는다. 우리는 다른 사람들이 의당 받아야 할 영광을 빼앗아 우리의 것으로 만들려고 한다.

거기에 사로잡힌 나머지 우리는 쉬운 해법을 내놓지 못한다. 적어도 우리는 우리의 입장에 대해 더 이상 허튼 소리를 해서는 안된다는 점을 알고 있다. 칼뱅은, 단순히 부를 축적하려는 마음을 버리는 것보다는 구속함을 받은 부자가 되는 편이 낫지만, 그렇더라도 우리의 심령은 가난해야 한다고 했다. 그가 이 말을 어떤 뜻으로 하는지 살펴보자.

> 세상일에 관한 한, 우리는 혹시라도 우리가 가진 재물에 대해 자만심 내지는 자신감을 내비치거나, 그 재물을 이용해 약자와 신용이 불량하거나 기댈 곳 없는 자들을 억압해서는 안됩니다. 결국, 가난하게 되는 것이 하나님의 뜻이라면 우리는 그럴 준비가 되어 있어야 합니다. 누가 보더라도 부자인 사람, 포도주 저장실과 곡물 창고가 차고 넘치며, 지갑이 두둑하며, 밭과 재산이 있으며, 집에 물건이 그득한 사람은 누구든 하나님이 이 모든 것을 없애시더라도 놀라서는 안됩니다. 하나님이 그렇게 하시는 것은 그가 불운한 시대에 태어났다고 생각하거나 그를 몹시 억울하게 만들기 위해서가 아니라, 욥의 인내를 배워 마침내는 "내가 모태에서 알몸으로 나왔사온즉 또한 알몸이 그리로 돌아가올지라. 주신 이도 여호와시요 거두신 이도 여호와시오니 여호와의 이름이 찬송을 받으실지니이다"(욥 1:21)라고 고백하게 하시려는 의도에서입니다.

> 그것이 부자 되기가 매우 어렵다고 제가 말하는 이유입니다. 우리가 기꺼이 하나님의 뜻에 굴복하고, 그분이 우리에게 무엇을 주시든 평온하게 받아들이고, 말하자면, 하나님이 우리로 가난에 처하게 하시더라도 그것을 인내로써 감수하고, 그분이 우리에게 무엇을 주시든 그것에 마음을 빼앗기지 않으면서 만족을 누려야 하는데, 그렇지 않다면 우리는 필경 도둑이 되고 말 것입니다. (십계명 설교, p. 194)

물론, 여기서 관건은 재물을 소유하되 "그것에 마음을 빼앗기지" 않는 것이다. 우리는, 우리의 소유 전부 또는 상당 부분을 포기할 준비가 되어 있다고 말하지만, 사람 속은 알 수 없는 법이다. 그리스도인들은 절제와 정의의 미덕을 개발하는 것이야말로 우리의 소유에 마음을 빼앗기지 않는 최고의 방편이 된다고 생각해 왔다. 절제―말하자면, 세상 재물에 지나치게 마음을 빼앗기지 않는 것―와 정의 추구―이웃의 재물을 빼앗으려는 욕망을 억제하고 그들의 몫을 돌려주고자 하는 것―야말로 우리가 도둑질에 마음을 빼앗기지 않는 방편이다. "이 정도면 충분해"라고 말하고, 이웃의 필요를 채우기 위해 우리의 소유를 내려놓는 것이 말처럼 쉽지 않지만 훌륭한 미덕임에 틀림없다. 소유에 대한 탐욕―그것을 버리지 않으면 우리의 목숨이 위태롭다―에 사로잡히지 않으려면 그러한 미덕이 필요하다.

예수님이 우리에게 가르쳐 주신 기도를 기꺼이 배우고자 한다면 그러한 미덕이 있어야 한다. 주기도에서 우리는 "일용할 양식"을 간청한다. 그것으로 충분하다. 지구 곳곳에서 일용할 양식조차 제대로 얻지 못하는 사람이 무수히 많은 오늘날, 끼니 걱정을 하지 않아도 되는 것은 실로 엄청난 은혜다. 그렇기에 도둑이 판치는 세상에 마음을 빼앗기지 않으려면 기도해야 한다. 기도에 임하는 우선적인 자세는 요청하기보다는 받는 것이요, 말하기보다는 듣는 것이요, 기도를 이용해 무언가 아뢰기보다는 기도를 통해 기꺼이 인격이 빚어지기를 간구하는 것이다. 받는 법을 터득할 때에야 비로소 나누는 일이 가능하다.

억지로라도 십일조를 바치는 습관은 제7계명을 지키는 데 필요한 전부는 아닐지 모르지만 이를 실천할 수 있는 출발점이 된다. 교회가 우리에게 소득의 십분의 일을 바치라고 가르치는 것은 개발할 가치가 있는 습관을 우리에게 제시하는 것이다. 주류 개신교에 속하는 대다수 교회의 신도들은 기껏해야 소득의 1~2% 정도 교회에 바칠 뿐이다. 교회는 그 이상을 요구해야 한다. 감사는 물질 문명에 사로잡혀 있는 교회가 앞장서서 가르쳐야 할 중요한 덕목이다. 순종하는 마음으로 그렇게 하라는 명령을 따라 하나님과 이웃을 섬기는 것은 최고의 덕목이 된다. 교회에서 일어나는, 격렬하면서도 가시 돋친 싸움은 신학 때문이 아니라 돈 때문이다.

"'봉사'란 무슨 의미인가요?" 이웃에 사는 랍비가 물었다.

"목회를 도우라는 교회의 요청이지요." 우리가 대답했다.

"재정 같은 거 말씀인가요?" 랍비가 또 물었다.

"그렇습니다. 시간과 재능도 포함되고요." 우리가 또 대답했다.

"교회의 요청이라……. 유대인들은 헌금하라는 말을 듣고 그냥 바칩니다. 그게 다지요." 그리스도인들은 그리스도인답게 바치라는 명령을 받고 있음을 상기해야 한다. 우리가 바치는 것은 (말 그대로 "인류애"를 뜻하는) 박애주의 때문이 아니라 바치라는 명령을 내리실 만큼 우리를 지극히 사랑하시는 하나님에 대한 사랑 때문이다.

예수님의 말씀대로, 우리 몸을 해부해 보면 십중팔구 우리의 지갑이 있는 곳에 우리의 마음이 있다. 신약의 기록에 따르면, 예수님은 부자 외에는 미워하셨던 사람들이 별로 없는 듯하다. 그분이 언급하셨듯이 바늘귀를 통과해 구원을 얻기란 심히 어렵다(눅 18:25-30). 재물을 꽉 움켜쥐고 있는 부자들에게는 거의 불가능한 일이다.

제7계명이 주는 기쁜 소식은, 부자들이 순종하기만 하면 구원을 얻을 수 있다는 것이다. 하나님께서는 부자들의 구원을 포함해 모든 것이 가능하기 때문이다.

> 사람마다 두려워하는데 사도들로 말미암아 기사와 표적이 많이 나타나니 믿는 사람이 다 함께 있어 모든 물건을 서로 통용하고 또 재산과 소유를 팔아 각 사람의 필요를 따라 나눠 주며 날마다 마음을 같이하여 성전에 모이기를 힘쓰고 집에서 떡을 떼며 기쁨과 순전한 마음으로 음식을 먹고 하나님을 찬미하며 또 온 백성에게 칭송을 받으니 주께서 구원받는 사람을 날마다 더하게 하시니라(행 2:43-47).

주일예배의 성찬식에서 회중들이 그리스도의 몸을 받기 위해 손을 내밀 때만큼 가슴 뭉클한 순간이 또 있을까. 재물을 놓칠세라 꽉 움켜잡았던 손이 이제 펼쳐져 비어 있다. 교회로 인해 그들은 받아들이는 태도를 가질 수 있게 되었다. 모든 것을 부여잡고 있던 그들이 이제 빈손을 내밀어 떡과 포도주라는 선물을 달라고 간청한다. 성찬을 나눌 때에는, 떡 한 덩이로도 충분하다.

    우리가 죄인임을 진실하게 고백하면서 삶을 하나님께로 전향시키는 법을 배울 때, 우리의 생명이 하나님의 선물임을 깨닫게 될 때, 구원이 찾아온다.

8

네 이웃에 대하여 거짓 증거하지 말라. _출 20:16

제8계명
네 이웃에 대하여 거짓 증거하지 말라

칼뱅은 제8계명을 이렇게 설명했다.

> (진리이신) 하나님은 거짓을 혐오하시기 때문에 우리는 서로 속임수를 쓰지 말고 진실을 행해야만 합니다. 이렇게 요약해 보겠습니다. 우리는 어떤 사람이든 중상모략하거나 무고해서는 안되며, 허위 사실을 퍼뜨려 그에게 해를 끼치고 험담이나 경솔한 말로 상처를 입혀서도 안됩니다. 우리가, 그의 이름과 소유물이 온전하도록 보호하기 위해 진실을 말할 때처럼 모든 이들을 성심껏 도와야 한다는 명령은 이같은 금령과 관련이 있습니다. (기독교 강요, p. 411)

지금까지 우리가 십계명을 해설하면서 말하고자 했던 모든 것이 이 계명과 더불어 막바지에 이른다. 칼뱅은 하나님은 우리에게 "네 하나님 여호와의 이름을 망령되게 부르지 말라"고 이미 말씀하셨음에도, 거짓 증언하지 말며 거짓말하지 말라고 굳이 명령하시는 까닭이 무엇인지 묻는다(십계명 설교, p. 204). 이 계명은 얼핏 불필요한 중복처럼 보인다. 간결하게 요약된 십계명 속에서 같은 내용이 되풀이되어 있다는 것이 이상하게 보이지만, 칼뱅은 서로에 대해 진실을 말할 수 없다는 것이 하나님에 대해 진실을 말할 수 없다는 것과 밀접한 관계가 있다는 가정이 이 계명 뒤에 놓여 있다고 설명한다. 칼뱅에 따르면, 우리가 서로 주고받는 말이 참되신 하나님에 대한 예배를 통해 훈련되지 않을 때 서로 진실을 말하도록 지음받은 우리의 삶이 왜곡된다는 사실을 일깨우시기 위해 하나님은 이 계명을 주셨다.

이 책의 원래 제목이 「하나님에 관한 진리」(*The Truth about God*)인 것은, 자신의 저서 「윤리학의 모든 것」(*What Ethics Is All About*)에서 하나님이 우리에게 십계명을 나타내시기보다는, 오히려 십계명이 우리에게 하나님을 나타낸다는 허버트 맥케이브(Herbert McCabe)의 비범한 관찰을 독자들에게 선보이기 위해서다. 우리는 하나님뿐 아니라 이웃과 교제를 나누도록 지음받았다. 교제를 나눌 때 서로 진실하게 말하는 것보다 중요한 것은 없다. 때문에 칼뱅은 하나님이 법정에서의 진실한 증언이 중요하다는 것을 암시하기 위해 제8계명에서 특별히 "거짓 증거"를 따로 끄집어내셨고, 하나님은 온갖 비방, 허위 보고, 이웃의 명예를 훼손하며 그들의 훌륭한 명성에 흠집을 내려는 부정한 말들에 이 계명을 적용시키려 하셨다고 말한다. 하나님이 그렇게 하신 것은, 우리가 서로 친구가 되어 서로에게 명성이나 재산에 손상을 입히지 않도록 하시기 위해서였다. "그렇다면 이웃의 평판을 나쁘게 하는 사람은 누구나, 별별 방법을 써서 이웃의 얼굴에 먹칠하는 사람은 누구나, 사람들 사이의 사랑의 결속을 파괴하는 것입니다"(십계명 설교, p. 205).

요한복음 18:37을 보면, 빌라도 앞에 선 그리스도는 "진리를 증언하기 위해" 이 세상에 왔다고 말씀하신다. 진리는 증언이며, 우리가 증언하는 대상은 진리이신 그리스도시다. 우리가, 그리스도께서 가능케 하신 것을 증언하기 부끄러워할 때 우리는 그리스도인으로서 세상을 향해 거짓말을 하는 셈이다. 우리는 하나님의 모든 진리가 예수 그리스도 안에서 밝히 드러났음을 믿는다. 요한복음 8:32는 우리가 성령으로 죄의 사슬에서 벗어나 거룩하게 되었다고 말한다. 예수님을 따르며, 성령을 통해 예수님을 증언하기 위해 우리는 진리로 거룩하게 되었다(요 17:17).

그러므로 서로 진실을 말하라는 이 계명에서 그리스도인의 삶은 세상을 위한 삶으로 요약된다. 여기서 우리는 하나님에 관한 진실과 우리 자신에 관한 진실이 떨어질 수 없는 관계임을 보게 된다. 우리는 하나님이 주신 말의 능력을 통해, 우리를 친구로 만들어 주는 판단력을 공유하라고 말함으로써 서로 진실을 이야기하도록 지음받았다. 칼뱅은 말한다.

> 만일 우리가 이 본문에 담겨 있는 바가 무엇인지를 주시하고자 한다면 우리는 보다 고차원적인 원리, 말하자면 하나님이 우리의 혀를 만드시고 우리에게 언어를 주신 까닭이 무엇인지를 고찰할 필요가 있습니다. 그 이유는 우리로 하여금 의사소통을 할 수 있도록 하시기 위해서였습니다. 서로 돕고 사랑하기 위해서가 아니라면 왜 인간으로 하여금 의사소통을 할 수 있게 하셨겠습니까? 그렇다면, 우

리는 우리의 혀에 재갈을 물리는 법을 배워 하나님이 우리에게 명하신 대로 상대방과의 결속을 끊임없이 다질 수 있어야 합니다. 그리고 그것이 바로 성 야고보가 거짓 진술에 대해 그처럼 강력하게 경고하는 이유입니다. 혀는 작은 지체지만 불을 일으켜 세상에서 가장 큰 숲이라도 잿더미로 만들 수 있다고 야고보는 말합니다. 그러므로 하나님이 우리에게 서로 의사소통할 수 있는 수단을 주셨을 때 사실상 우리에게 독특한 선물을 주신 것임을 우리는 깨달아야 하겠습니다. 그렇기에 우리가 감정을 숨기더라도 혀는 그것을 드러내고야 맙니다. 따라서 우리에게 주신 선물을 거리낌 없이 사용하되, 돌이킬 수 없는 우리의 죄로 인해 그 선물을 더럽히지 않도록 합시다. 그리고 하나님이 우리에게 언어라는 선물을 주신 것은 애정과 형제애를 서로 다지도록 하시기 위해서였다는 것을 안 이상, 우리는 이제 여기저기 다니면서 험담을 늘어놓거나 법석을 떠는 등 언어를 오용해서는 안됩니다. 그렇게 되면 언어가 왜곡되어 상대방과의 관계가 깨집니다. (십계명 설교, p. 216)

여기서 우리는, 인간이 어떤 존재인지를 십계명이 정확히 드러내고 있음을 보게 된다. 그것이 바로 율법을 "자연법"이라고 이름하면서 교회가 전통적으로 옹호해 온 이유다. 우리는 서로 진실을 말하도록 지음받았다. 하나님은 우리에게 혀를 주셔서 진실을 말하도록 하셨다. 아우구스티누스는 「거짓말에 관하여」에서 "거짓말이란 상대방을 속일 목적으로 사실과 다르게 말하는 것"이라고 분명히 말한다. 선하신 하나님이 지으신 피조물인 우리는 서로 진실을 말해야 한다. 우리가 이 계명을 마주하게 되면 우리 자신이 허위의식에 사로잡혀 있음을 깨닫게 되기 때문에 진실을 말하기 위해서 기술을 습득해야 한다.

거짓말보다 마귀가 더 좋아하는 죄는 없다. 우리가 가장 쉽게 하는 거짓말이, 그리스도의 십자가와 부활의 진리로 훈련되지 않은 사랑으로 거짓말할 때라는 것을 마귀는 잘 알고 있다. 그래서 요한복음 8:44는 마귀가 거짓말쟁이요 온갖 거짓의 아비라고 고발한다. 거짓말이 가져오는 죽음은 치명적이다. 그러므로 그리스도의 십자가와 부활의 증인인 우리는 진실을 말하며, 폭력과 죽음을 불러일으키는 거짓을 폭로하라는 부르심을 받는 것이다.

예를 들어, 많은 의사들과 간호사들은 중환자들에게 왜 사실대로 말해 주지 않았느냐는 질문을 받는다. 그때마다 그들은 환자들을 위한 것이라면서 "곧 죽게 된다는 말을 듣고 싶어할 환자가 어디 있겠어요?"라고 변명한다.

그러한 "사랑"이야말로 온갖 거짓의 근원이다. 환자들은 거짓된 소망, 곧 그리스도의 죽음과 부활의 진리가 아니라 거짓에 기반을 둔 소망을 품는다. 환자는 망상의 세계에서 살라는 격려를 받으며, 삶을 정리할 기회를 박탈당한다. 생의 마지막 순간에 가족들, 친구들 그리고 하나님과의 화해가 가져다주는 기쁨을 빼앗긴다. 훈련되지 않은 기형적 사랑이 빚어 낸 거짓말은 가장 치명적인 죄악이다. 그러한 거짓말은 우리를 거짓말쟁이로 만들 뿐더러 하나님이 진실을 말씀하시기 위해 거짓말을 하시는 분인 양 생각하도록 한다. 그러나 하나님은 우리를, 우리의 처지에 관한 진실(곧 우리 모두 "구제 불능"이라는)을 두려움 없이 들을 수 있는 사람으로 지으셨다.

진실을 설교하지 않는 설교자들은 "사랑"이라는 이름으로 자신의 목회적 기만 행위를 정당화한다. 그들은 너무나 온화하고 자상한 목회자여서 진실을 알림으로써 회중들의 삶을 비참하게 만들고 싶어 하지 않는다. 회중들은 목회자의 설교가 지루하고, 고리타분하다고 불평들이다. 거짓말쟁이가 될 운명이라고 생각하며 회중들을 존중하지 않는, 온화한 목회자들에 대해 회중들은 불만을 품고 있다. 더욱이, 교회가 정직하게 목회를 할 수 없다면 공적 책임과 직무를 담당하는 사람들이 어디서 진실하게 말하는 법을 배울 수 있겠는가?

때문에 루터는 이 계명에서 거짓말과 법정이 밀접하게 관련되어 있는 까닭을 다음과 같이 설명했다.

> 재판관, 시장, 왕자, 혹은 여느 권력자들이 심판의 자리에 앉아 있을 때, 사람들은 다른 사람의 마음을 아프게 하는 것을 몹시 싫어한다는 사실을 우리는 늘 깨닫게 된다. 실로 그들은 호감이나 돈이나 가망성이나 우정을 얻기 위해 사실과 다르게 말한다. 그 결과 가난한 사람은 어쩔 수 없이 학대받고, 소송에서 패하며 벌을 받는다. 성실한 사람이 재판관의 자리에 앉는 경우가 드물다는 것이 이 세상의 보편적 비극이다.
>
> 재판관은 무엇보다도 성실해야 한다. 마음이 올곧을 뿐 아니라 또한 지혜롭고, 명민하고, 용기가 있고, 겁이 없어야 한다. 증인 또한 겁이 없어야 하지만, 그보다도 마음이 올곧아야 한다.
>
> (대요리문답, pp. 43-44)

루터는 우리의 실상을 정확히 드러낸다. 하나님께서 우리에게 혀를 주신 것은, 서로 진실을 말해 상대방뿐 아니라 하나님과도 교제를 나눌 수 있도록 하시기 위해서였다. 그러한 교제가 사랑의 삶이다. 하지만 우리가 부여받은 바로 그 수단이, 우리를 꼬드겨 거짓말을 하고 빗나간 "사랑"을 하게 한다. 여기서 우리는 온갖 죄가 어떻게 서로 연결되는지 알게 된다. 우리는 우리의 교제의 기반인 과거의 거짓말들을 감추기 위해 또다시 거짓말한다. 우리가 우리 자신을 지키는 방식, 즉 예의바름과 정중함 같은 것에 대해 높이 평가하는 바로 그 방식이 상대방에게 거짓말하는 방식이 된다.

예를 들어, 우리가 우리 자신에게서 진실을 지키려고 노력할 때 정중한 태도는 사람들의 지지를 얻게 된다. 우리는 진실해지기보다는 오히려 정중해지고 싶어한다. 그렇기 때문에 몇몇 페미니스트들은, 정중해지라는 오늘날의 요구는 여성이 진실을 말함으로써 남성을 일깨워야 한다는 사실을 잠재우기 위한 것이 아니냐고 비판한다. 우리가 거짓말쟁이라는 사실이 드러났을 때, 우리는 죄인일 뿐 아니라 하나님의 창조 목적에 부합하길 원하지 않는 존재임을 고백해야만 한다. 하지만, 이런 진리를 누가 알고 싶어하겠는가?

칼뱅은 이렇게 언급했다.

이러한 권고는 우리로 하여금 익살을 가장한, 심한 조롱을 미끼삼아, 겉으로는 점잖은 체하지만 속으로는 알랑거리는 행위를 금하는 것으로 확대됩니다. 자신의 익살이 칭찬받기를 열망하는 몇몇 사람들이 이런 짓을 하는 까닭은, 그들이 간혹 이런 식의 무례함으로 형제들에게 큰 상처를 입히고 싶어하기 때문입니다. 이는 다른 사람들에게 부끄러움과 커다란 슬픔을 안기는 행위입니다. 이제 자신의 고유 권한으로 우리의 혀뿐 아니라 귀와 마음까지도 다스리시는 것이 분명한 입법자에게 시선을 돌린다면, 우리는 남의 험담을 듣는 일에 열심을 내며, 언제든 온당치 않게 불리한 판단을 내리는 행위 둘 다 똑같이 금지되고 있음을 확실히 알게 될 것입니다. 그 까닭은 하나님이, 우리가 혀로 악한 말을 하는 병폐는 미워하시되 마음속의 악한 생각은 비난하지 않으신다는 생각은 터무니없기 때문입니다. (기독교 강요, pp. 412-413)

따라서 법정은 대화를 나눌 때마다 진실하게 말하는 법을 배우기 어렵다는 것을 보여주는 일부분일 뿐이다. 다른 어느 곳보다 일상에서 거짓말을 더 쉽게 하기 때문이다. 진실은 노력을 요하지만 거짓은 그렇지 않다. 우리는 다음과 같은, 상정한(assumed) 합의 사항들을 별 생각 없이 수용한다. 예컨대, "세계 곳곳에서 적나라한 공격이 일어날 때마다 우리는 그것에 반대해야 한다", "우리는 스스로 자신을 다스리는 사회 질서 안에 살고 있음을 알게 된다", "나는 그리 큰 부자가 아니다", "아무도 피해를 입지 않는다면 아무 상관이 없지 않은가", "나는 인종차별주의자가 아니다" 등이다. 그러므로 거짓을 일삼는 세상에서 서로 진실을 말하는 백성이 되는 것은 그리스도인의 독특한 증언이 된다.

제8계명과 그리스도인의 삶

「나그네 된 거류민」에서 우리는, 교회교육위원회에 탁아소 설치를 건의했던 어떤 목회자 이야기를 한 바 있다. 목회의 일환으로 탁아소만큼 정당성을 인정받는 것이 또 있을까?

글래디스 집사가 "교회가 왜 탁아소까지 신경 써야 하는 거죠? 탁아소 운영이 목회 사역의 한 부분이라도 되나요?"라고 문제를 제기했다.

젊은 목사는 글래디스 집사의 문제 제기—건물 활용, 젊은 부부들의 마음 사로잡기, 교회 수입의 추가 증대, 도심에 있는 침례교회의 기존 탁아소 등—를 조심스럽게 재검토했다.

헨리 스미스 집사가 말했다. "글래디스 집사님, 아시다시피, 그 일말고도 식사 준비는 점점 더 힘들어지고 있습니다. 지금은 부부가 하루종일 맞벌이해야 겨우 살 수 있는 상황이잖아요."

"그렇지 않습니다." 글래디스 집사가 반론했다. "그건 사실과 다릅니다. 우리 교회의 성도건, 이웃사람이건 식사 준비는 그렇게 어려운 일이 아닙니다. 식사 준비를 힘들어하는 사람들도 있겠지만, 그런 사람들에게 탁아소는 별 도움이 되지 못할 것입니다. 그들의 필요를 채우는 사역에 대한 논의라면 저는 목사님의 탁아소 설치안에 찬성합니다. 하지만 지금 우리는 자가용, 오디오세트, 호숫가의 별장, 혹은 이동주택 같은 것과는 점점 더 거리가 멀어지는 사람들을 위한 목회에 대해 논의하는 중입니다. 우리 모두가 열심히 일하면서도 자녀들을 방치하는 이유가 바로 그것이라고 생각합니다.

교회가 그러한 가치 체계를 돈으로 사고 또한 권장하는 것이 저는 맞지 않다고 봅니다. 새로운 자가용이나 오디오세트나 다른 물건들을 구입하면 생활이 훨씬 나아지고 만족스러워질 것이라는 거짓말에 교회가 동조해서는 안된다고 봅니다. 어째서 교회는 '그건 거짓말이다'라고 용기 있게 말하지 못하는 거죠?"

오늘날 진실함을 제대로 증언할 수 있는 곳은 교회의 강단뿐이다. 우리는, 복음을 전하는 목회자로 세움받은 자들이 전하는 진리를 듣고 싶어해야 하며, 또 목회자들에게 그것을 요구해야 한다. 우리가 전하는 복음이 돌봄과 위안 그리고 그릇된 교제를 위한 사탕발림으로 변질되었기 때문에 세상이 우리의 메시아를 믿지 않는 것이다. 설교는 해야 할 말을 하지 않음으로 거짓말을 하고 있다. 즉, 우리 인간이 그처럼 비참한 처지가 된 것은 참되신 하나님을 진정으로 예배하지 않기 때문임을 말하지 않음으로써 그리스도인들이 그들의 믿지 않는 형제자매들을 배반하고 있는 것이다.

진실하게 말하지 못하는 주된 이유를 설교자들은 이렇게 설명한다. "사람들은 불편해지려고 교회에 오는 것이 아닙니다."(그들은 동료 목사들이 있을 때만 흔히 이렇게 말한다.) 그들은 그렇다는 것을 어떻게 아는가? 분노가 따분함보다 차라리 낫다. 설교자들은 예수님이 이런 사람들을 부르셔서 자신의 제자로 삼는 실수를 저질렀다는 것을 어떻게 아는가? 설교자들은 세례가 쓸모없다는 것을 어떻게 아는가?

교회는 물건을 통용하며, 끝까지 서로 진실하게 대하며, 비폭력을 실천에 옮김으로써 서로 신뢰하는 법을 배우는 것, 이것은 은혜로운 하나님을 진정으로 예배하도록 지음받은 그의 백성들만이 아는 진리라고 증언해야 한다. 칼뱅은 이렇게 주장했다. "이웃에 대해 거짓 증거하는 자는 누구든 그 이웃의 생명을 빼앗는 것이며, 거짓말에서 파생되는 온갖 죄를 범하기 때문에 그 이웃을 죽이는 것입니다(십계명 설교, p. 205). 신앙을 버리면서까지 거짓된 세상에 자신을 맞추려는 교회는 세상과의 차별성을 상실할 뿐 아니라, 하나님이 존재하지 않는 것처럼 사는 것이어서 그 정체성 또한 의심받는다. 따라서 교회는 자기기만을 벗어 던지고 세상을 향해 사형선고를 내려야 한다.

거듭 말하지만, 우리 그리스도인들이 말과 삶의 단순함을 터득하는 일이 무엇보다 중요하다. 혀를 다스리는 것이야말로 최고의 미덕이다. 진실한 말은 진실한 삶에서 비롯된다. 때문에 진실함이라는 미덕은 삶의 방식뿐 아니라 말의 내용 또한 달라져야 할 것을 요구한다. 그러한 미덕이 없다면 신뢰는 불가능하다. 신뢰가 없다면 우리는 거짓의 세계로 점점 더 깊이 빨려들어갈 뿐이고 하나님의 신실한 종이 아니라 마귀의 지시를 받는 하수인으로 전락하고 만다.

물론, 진리를 증언한다는 것이 사람들에게 환영을 받는다는 뜻은 아니다. 우리의 실상을 일러주는 사람들에게 감사하기란 쉬운 일이 아니다. 세상은 거짓말을 사랑한다. 그런 까닭에 순교야말로 진실한 삶을 살아 내는 그리스도인들의 최후임을 교회는 깨달았던 것이다. 순교는 우리가 죽음을 물리치는 교제를 나누는 하나님의 친구가 될 수밖에 없다는 사실을 분명하게 지적해 준다. 순교자(martyr)라는 단어는 헬라어로 "증인"(witness)을 의미한다. 우리는 거짓 증인이 되지 말라는 명령을 받았다. 그러나 순교를 통해 세상에 대항하는 순교자들―하나님의 증인들―은 많지 않다. 그들은 그저 그리스도께 충실하려고만 할 뿐이다. 하지만 조용히 충성하던 그들을 세상이 침묵케 하며, 억압하며, 비웃으며, 나아가 죽이기까지 한다는 것을 순교자들은 언젠가 알게 될 것이다. 보잘 것 없는 삶이라 할지라도 진실하게 살아 내면 거짓을 일삼는 이 세상을 뒤흔들기에 충분하다. 그래서 순결한 삶을 살아 내는 사람들은 "고상한 척한다"는 소리를 듣는다. 진실을 말하는 자들은 거드름 피우며 부아를 돋우는 사람으로 불리고, 단순한 삶을 사는 사람들은 무책임하다는 소리를 듣는다.

진실한 사람이 되기 위해 애를 쓰는 것만으로는 거짓말의 굴레에서 벗어나기 쉽지 않다. 우리는 진실하게 말하는 법을 알되, 그 진실을 자신을 치장하는 무기로 오용하지 않는 사람들이 필요하다. 진리조차도 자기기만을 강화하는 데 오용될 수 있다. "다 너를 위해서 하는 말이야"라고 말하는 사람은 의심해 볼 필요가 있다. 물론, 우리는 진실이 거짓처럼 보이는 방식으로 혹은 그러한 정황에서 진실을 말할 수 있다는 것을 알고 있다. 예를 들어, 예수를 심문하던 바리새인들은 그가 성전을 무너뜨리고 삼일 만에 다시 일으키겠다는 말을 주목했다. 예수님은 분명 그렇게 말씀하셨지만 바리새인들은 거기서 꼬투리를 잡아 허위 사실을 말했다. 그래서 우리는 "너를 위해서 하는 말인데"라거나, "솔직하게 말할게"라는 말을 듣는 순간, 상대방을 의심하게 된다. 진실하면서도 훌륭하게 말하는 법을 배우려면 우리가 언제 거짓말―진리를 위한다는 거짓말까지도―에 사로잡히게 되는지를 말해 줄 만큼 우리를 끔찍이 사랑하는 사람이 필요하다.

마태복음 18장이 그렇게 중요한 이유가 여기에 있다. 우리는 거짓말하는 것을 그냥 묵인할 것이 아니라, 사랑하는 마음으로 우리가 지은 죄를 드러내야 한다. 진실한 공동체(교회)를 떠나서 진실을 말하는 것은 불가능하다.

칼뱅은 이렇게 말했다.

> 우리가 어떤 사람이든 상처를 입혀서는 안된다는 점을 핑계로 "검은 것"을 "희다"고 말할 수는 없습니다. 이러한 예는 쉽게 찾아볼 수 있습니다. 그 어느 것도 비난받지 않기를 특별히 바라며, 나아가 말을 속이는 것까지 좋다고 인정하는 사람들이 적지 않습니다. 〔예를 들어〕 도둑은 도둑이라고 불러야지 다른 칭호를 써서는 안되며, 범죄를 비난할 때 아름다운 표현을 써서는 안됩니다. 우리는 그렇다고 알고 있습니다. 게다가, 하나님께 죄를 지었을 뿐 아니라 그 밖의 모든 것을 부패하게 만든 책임이 있으며 만물을 타락하게 만든 범죄자들을 책망하는 문제라면, 우리가 그들에게 유죄를 선고하고 강력하게 처리하기를 원한다면 괴팍스러운 이 사람들 중 몇몇은 즉시 화를 낼 것입니다. (십계명 설교, pp. 211-212)

그러므로 우리가 행하는 악에 이름 붙일 줄 아는 것은 매우 중요한 일이 된다. 그에 걸맞은 이름을 붙이지 않으면 우리는 우리가 행하는 악을 선이라고 일컫는 자기기만의 관례를 답습하게 될 뿐이다. 우리 자신이 처벌받아야 할 공범이라는 사실을 드러내지 못하게 되면 우리는 도리어 우리 자신을 희생자로 치부할 것이다. 예수님이 우리에게 이웃으로 간주하라고 명령하신 사람들을 우리는 적과 압제자로 부를 것이다. 거짓말은 이런 식으로 그 위력을 발휘한다.

인류 역사를 통틀어 이 시대만큼 아첨이라는 죄가 창궐했던 때가 또 있었을까 싶다. 우리는 친구가 되어 주기를 바라며, 또 친구가 되기 위해 상대방의 잘못을 못 본 체한다. 친구를 잃게 되지 않을까 해서다. 그래서 우리는 칭찬을 통해 수박 겉핥기 식의 교제를 지속하는 솜씨를 발휘한다. 칼뱅의 말에 다시 귀를 기울여 보자.

> 오늘날 이 세상은, 교제하는 상대가 잘못했을 때 그들이 베푸는 호의를 순순히 받아들이지 않으면 그들과 원만한 친구 관계를 지속할 수 없고, 그들에게 헌신하거나 충실하지도 않는 것처럼 보이는 시점에 이르렀습니다. 친구들이 죄를 지었을 때 우리가 마땅히 그것에 그들의 주의를 환기시키고 그들을 처벌해야 함에도 불구하고 우리는 오히려 그들의 그럴듯한 위증에 넋을 잃고 맙니다.…… 그런 식으로 우리는 하나님의 진리를 존중합니다. 그런 식으로 우리는 하나님의 진리를 거짓으로 바꿉니다. 그런 식으로 우리는 또한 우리의 이웃을 중상하지 말라는 이러한 법칙을 훼손합니다.
>
> (십계명 설교, pp. 209-210)

그리스도인들이 여기저기 다니면서 자신의 고지식함을 드러내는 도덕군자가 되어야 한다는 말이 아니다. 오히려 악의가 전혀 없는 그리스도인들의 고지식함이 실은 상대방에 대한 폭력의 진원으로 드러날 수도 있다고 말하는 것이다. "그럴듯한 위증"은, 궁극적으로 그것이 보호하고 있다고 주장하는 사람에게 폭력을 행사한다. 그런 이유로,

만일 우리가 비폭력을 실천하고자 한다면 우리는 상대방의 비판을 듣고 싶지 않더라도 그 비판에 귀 기울이는 법을 배워야 한다.

그것이 바로 우리가 하나님 앞에서 성찬식을 거행하기에 앞서 서로 화해하도록 요청받는 이유이다. 회중들 속에서 마땅히 진리를 전하고 진리를 듣다보면 언제나 갈등과 분열이 일어나는데, 이때 화해가 필요하다. 교회에서 진리는 다수결로 정해지는 것이 아니다. 오히려 진리는 화해를 통해 이루어지는 연합을 지칭한다.

미국의 그리스도인들이 민주주의를 지지한다고 세상의 기대를 저버리지 않았을지도 모르겠다. 우리는 스스로, 인간은 만물의 영장이며 인간의 다스림을 통해 진정한 정치적 생활이 가능하다고 말한다. 거짓말이다. 설령 인간이 다스린다 하더라도 "사람들은" 거짓을 사랑하기 때문에 그러한 다스림은 참되지 않다. 미국이 자유를 믿기 때문에 미국인들이 "이 세상에서 가장 위대한 민족"이라고 말하는 것처럼 뻔한 거짓말은 없다. 하나님을 인정하지 않는 자유란 있을 수 없다. 미국 헌법은 하나님 없는 정부, 곧 "국민의, 국민을 위한, 국민에 의한" 정부 수립을 꾀해 왔었다. 우리는 국민의 이기적 주장(권리)들을 기민하게 조정하는 것을 국가의 존재 이유로 덧붙인 정부를 수립했다고 믿었다. 인간은 이기적이며 지나치다 싶을 만큼 자기 본위일 수밖에 없다는 명제에 기초한 정부는 스스로 실망하지 않는다. 인간을 자아중심적으로 자유를 소비하는 존재로 대우하라, 그러면 그에 걸맞게 반응할 것이다. 하나님이 우리를 "진리의, 진리를 위한, 진리에 의한" 백성으로 창조하셨다는 기독교적 확신을 저버린다면 우리는 돈방석에나 앉을 궁리나 하는 존재로 전락할 것이다.

여기서 부모 공경에 대한 권위 문제가 다시 제기된다. 우리는, 진리란 대중들의 합의에 의한 것이라고 사람들이 믿게 만들어 정치에서 진리의 문제를 피하려 한다. 민주주의란 미덕의 위계 질서를 다수결에 의해 불필요한 것으로 치부하려는 시도다. 왕에 의한 통치는 백성들에 의한 통치로 대체되어 백성들은 왕으로 간주된다. 하지만 진리는 그런 것이 아니다. 오히려 그러한 정치 형태는 서로 추켜세우는 식의 횡포일 뿐이다. 진정한 권력은 우리가 진심으로 사랑하고 신의를 보이는 신에게서 도출되는 권력이다. 그 신이 바로 하나님이시다. 민중의 말이 거짓말로 변질되었다는 사실은, 교회가 더 이상 하나님을 인정하지 않는 세상을 다스리는 데 필요한 거짓말에 저항하지 않음으로써, 우리가 이 세상에 제공해야 할 정치적 섬김을 포기했다는 표시다.

예를 들어, 우리는 클린턴 대통령이 잠시나마 미국인이 인종차별을 했다는 사실을 솔직히 시인하게 하려 했다는 것에 공감했다. 정상적인 경우, 대통령이 자신의 임무를 매우 성실하게 수행하고 있다고 판단되면 우리는 그를 재신임해 4년 동안 국민들의 비위를 맞추는 자리에 앉히는데, 대통령은 이에 대한 반대 급부로 우리가 국민 된 도리를 얼마나 충실하게 다하는지를 기회 있을 때마다 우리에게 일깨워야 했다. 하지만 클린턴의 인종차별에 대한 토론은 성과를 거두지 못했다. 여기서 극명하게 드러난 사실은, 미국의 역사가 흑백 간의 갈등으로 점철되어 왔고, 흑백 간에 불신과 의혹의 골이 깊었음을 시인할 용기가 없었다는 것이다. 또한 인종 문제 그 자체를 미국인의 삶을 획기적으로 변모시키는 수단─곧 우리가 미국 시민으로서의 자격과 정체성을 확보할 수단―이 없었다는 것이다. 용서의 하나님을 잃어버린 우리는 감히 우리의 지난날에 대한 진실을 털어놓을 용기가 없다. "백인"이나 "흑인"이라는 기호(signifier)보다 더 흥미로운 기호로 우리 자신을 일컬을 수 있는 수단을 빼앗긴 우리는, 우리의 집단적 기만에서 자유롭지 못하다.

뼈아픈 지적들이 아닐 수 없다. 이제 우리는 어떤 해결책이 생겼기를 바라지만 없다. 하지만 희망은 있다. 하나님은 주님이시며, 그래서 그리스도인은 절망하지 않는다. 하나님은 우리를 내버려 두시지 않는다. 진리는 승리하고야 만다. 진리는 아름다움을 통해 큰 승리를 거둔다. 이 세상을 지으신 하나님은 세상의 순전한 아름다움을 통해 우리를 끊임없이 진리로 이끄신다. 구름 한 점 없는 하늘을 보라! 우리는 하나님을 즐거워하고 찬양하도록 지음받았으며, 우리가 마땅히 진리이신 하나님을 찬양하려면 우리가 진실해야 한다는 사실이 떠오르지 않겠는가.

우리가 하나님의 형상대로 지음받았다는 진리는, 아름다움을 통해 탁월하게 표현되곤 한다. (활동이라는 측면에서 보면 과학은 예술과 흡사하다.) 예술이 우리의 삶에 관한 진리를 발견하는 최상의 방편일지도 모른다는 믿음은, 진리를 결정하는 주체는 과학이라고 목소리를 높이는 세계에서 어줍잖은 것으로 비칠지 모른다. 오늘날 우리의 삶을 쥐락펴락하는, 정교하면서도 세련된 거짓말에서 해방되기 위해서는 서로 다시금 설득력 있게 말하는 법, 즉 단순한 아름다움을 지닌 설득력 있는 화술을 배워야 한다. 이것보다 그리스도인들에게 더 강력한 도전이 있을까? 그러한 예술은, 그것이 우리로 하여금 하나님을 진실하게 증언하도록 만든다는 점에서 우리의 도덕성이다. 뿐만 하니라 우리를 통해 세상은 하나님에 관한 진리를 배운다. 교회에서 천박하고 감상적인 노래를 흥얼거릴 때 거짓이 스며들기도 한다. 반면에 아름다운 찬송가를 부를 때 진실함이 생긴다. 진리를 말하기에 앞서 그것을 노래하는 편이 더 낫다. 겉만 번지르르하고 사람들을 현혹해 교회 건물에 대한 향수를 불러일으키면서 정작 하나님에 관한 진리는 선포하지 않는 예배당은 거짓 그리스도인을 만들어 내기 십상이다.

어느 여름의 주일, 교회에 출석해 우리와 같은 사람들과 함께 자리에 앉아 즐거운 시간을 기대하고, 오르간 음악에 위로받을 준비를 하고, 목사의 설교에 마음을 진정시키고, 진리에 끊임없이 귀 기울이고, 그럼으로써 우리가 진실한 증언을 하도록 부름받았다는 사실을 깨닫는 것은 실로 굉장한 일이 아니겠는가.

9

네 이웃의 집을 탐내지 말라. 네 이웃의 아내나 그의 남종이나 그의 여종이나 그의 소나 그의 나귀나 무릇 네 이웃의 소유를 탐내지 말라. _출 20:17

제9계명과 제10계명
네 이웃의 집을 탐내지 말라

십계명을 즐거워하도록 만드는 한 가지는, 일상적 삶의 구체적인 영역과 아주 밀접하게 연결되어 있는, 십계명의 솔직하면서도 기본적인 단순함 때문이다. 이제 마지막 두 계명에 이르게 되면, 우리는 마치 삶의 외형들을 뒤로 하고 인간의 마음—이 세상의 모든 악한 것들이 싹튼다고 예수께서 지적하신 바로 그 영역(막 7:23)—이라는 어두운 영역으로 들어간다는 느낌을 받는다.

"탐내다"라는 히브리어에는 "강한 욕망"이라는 뜻도 내포되어 있다. 이것이 유익하며 솔직한 지적이 되는 까닭은, 우리의 질투심—남의 것을 탐하는 욕망—이 바로 그렇게 인식되기 때문이다. 어떤 사람들은 이러한 계명들을 우리의 탐심에서 일어나는 행동에만 적용시켜야 한다고 주장한다. 하지만 이 계명들을 그렇게 단순하게 다룰 수만은 없다. 십계명이 마음, 성향 및 느낌의 문제를 하나의 관심사로 삼을 때 우리와 하나님 사이의 관계는 보다 심오하면서도 복잡한 수준에서 고찰하게 된다. 여기에 나타난 하나님은 내면과 외면, 주관과 객관,

개인과 집단이라는 현대인들의 이분법을 선호하지 않으신다. 그것들은 둘이 아니라 하나다. 하나님은 우리의 행위뿐 아니라 우리의 감정, 우리의 욕망의 대상―마음의 관심사들―에도 관심을 두신다.

때문에 우리는 제9계명과 제10계명을 하나로 다룰 생각이다. 여러 신학자들이 그랬듯이, 우리가 이렇게 하는 것은 새로운 것이 아니다. 제9계명과 제10계명은 근본적으로 욕망에 관한 것이기에 우리는 두 계명이 밀접하게 연관되어 있다고 믿는다. 여기, 마지막 두 계명에 이르러 우리는 십계명 전체의 관심사인 하나님을 사랑하도록 지음받았으며, 그 사랑이 엉뚱한 대상으로 향할 때 창조 계획과는 너무도 다른 존재로 변질된 우리 삶이 무질서한 욕망과 파편의 나락으로 떨어짐을 깨닫게 된다. 이같은 욕망을 아주 탁월하게 지적한 이가 바로 아우구스티누스다.

> 태초부터 계셨고 지금도 계시는 아름다움이신 주님을 저는 뒤늦게 사랑했습니다. 주님을 저는 뒤늦게 사랑했습니다. 보십시오, 주님은 제 안에 계셨건만 저는 밖에 있었습니다. 저는 밖에서 주님을 찾았으며, 제 자신이 추하다고 생각된 나머지 주님께서 만드신 저 아름다운 피조세계에 푹 빠졌습니다. 주님은 제 안에 계셨건만 저는 주님 곁에 없었습니다. 저 피조물들로 인해 제 눈은 주님을 바라보지 못하였습니다. 하지만 피조물들이 주님 안에 있지 않았던들 그것들은 존재할 수 없었을 것입니다. 주님은 저를 부르시고 제게 외치셔서 저의 영적 귀를 여셨습니다. 그리고 주님은 주님의 광선을 제게 비추셔서 저의 영적 눈을 뜨게 하셨습니다. 주님은 향기를 내뿜으셨

고 저는 이를 들이마셨습니다. 이제 저는 주님을 갈망합니다. 저는 주님을 맛보았기에 주님에 대한 허기와 갈증을 느낍니다. 주님이 저를 만져 주셨기에 저는 주님의 평안을 애타게 갈구했습니다.[19]

"오, 주님은 주님 자신을 위해 우리를 창조하셨기에 우리가 주님 안에서 쉼을 얻기 전까지는 우리에게 진정한 쉼이란 존재하지 않습니다." 아우구스티누스의 「고백록」에 나오는 이 말은 십계명의 핵심을 이룬다. 우리가 그분의 사랑을 받고 그에 대한 응답으로 그분을 사랑하도록 지음받았기에 그분만이 우리의 깊은 욕망을 충족시키신다. 인간의 저 깊은 갈망을 채울 수 있는 것은 그 어디에도 없다. 몇몇 종교는 욕망을 소멸하고, 욕망에 초연해 더 이상 욕망으로 불타오르지 않게 하는 것을 목표로 삼는 듯하다. 기독교는 그런 종교가 아니다. 그리스도인의 문제는 자신이 욕망으로 가득하며, 욕망이 충족되지 않아 불안해하는 데 있는 것이 아니라, 실현되지 않는 것을 갈망한다는 데 있다. 우리는 결코 충족될 수 없는 것으로 만족을 느끼려한다. C. S. 루이스(Lewis)가 말했듯이, 우리는 너무도 쉽게 만족한다.

우리를 곤혹스럽게 만드는 질문은 "어떻게 하나님을 믿을 수 있는가?"가 아니라, "어떻게 하나님을 멀리할 수 있을까?"이다. 하나님은 우리의 창조주와 교제를 나누도록 우리를 지으셨다. 하나님은 우리를 자신의 소유로 삼기 위해 끊임없이 구애하시며, 또한 그렇게 하기 위해 온갖 것들을 우리에게 선물로 주셨다. 하나님을 멀리하려면 우리 쪽에서 조금도 빈틈을 보여서는 안된다. 하나님은 집요한 분이시기 때문이다. 사실상, 우리가 죄를 지었음에도 하나님은 우리를 통해 자신의 선하심을 드러내셨다.

율법은 우리가 하나님을 갈망한다는 사실을 비출 뿐 아니라 우리의 무질서한 욕망을 드러내는 거울이기도 하다. 칼뱅은 이 문제를 다음과 같이 설명했다.

> 우리가 지나치게 게으름 피울 뿐 아니라 우쭐해져서 악을 행하고 싶은 마음이 들 때마다…… 이 거울을 똑바로 세워 놓고 우리 자신을 찬찬히 살펴봅시다. 우리는 현혹되지 않도록 합시다. 어떤 사람이 자신을 더럽혔음에도 그 사실을 모른다면 사람들은 그를 조롱할 것입니다. 그렇다면 그 사람으로 하여금 거울 앞에 서서 자신의 얼굴이 얼마나 더러운지를 직접 살펴보게 합시다. 부끄러움에 몸을 숨길 것이며 물로 깨끗이 씻을 것입니다. 이제 우리도 그런 과정을 겪어야 합니다. 실로 하나님의 모든 율법은 우리의 허물을 비추는 거울이며, 그 율법은 우리를 혼란케 하고 우리의 죄로 인해 부끄러움을 느끼게 합니다. 하지만 우리의 실상을 제대로 비추는 거울을 확보하려면 이 계명에 직면해야 합니다.…… 만일 우리가 "도둑질하지 말라, 살인하지 말라, 간음하지 말라"라는 계명을 읽게 된다면, 우리 각자는 이 계명들 앞에서 떳떳하다고 생각할 것입니다. 하지만 우리가 "탐내지 말라"는 계명에 이르면 하나님은 매우 예리한 수술용 칼로 우리 마음의 가장 깊은 곳뿐 아니라 우리의 모든 생각과 상상력까지도 파헤치실 것입니다. 그렇게 되면 우리 안에 있는 모든 것이 드러나고 우리는 그제야 제정신이 들 것입니다. 우리가 죄라고 여기지 않는 것까지도 하나님은 정죄하시고 심판하실 것입니다

다. 설령 우리가 그 전에 똑같이 하지 않았더라도 말입니다.

(십계명 설교, pp. 232-233)

칼뱅이 예리하게 간파했듯이, 이 계명에서 율법은 결코 외적 행위가 아닌 우리의 영혼에 초점을 둔다. 영혼을 일컫는 또 다른 이름은 욕망이다. 이처럼 예리한 "수술용 칼"로 하나님은 심장을 찔러 쪼개신다. 우리의 심장이 드러나고, "폭로되며 의식을 회복하게 된다." 하나님은 율법을 통해 우리에게 완벽하면서도 올바른 규칙을 주시지만, 그러한 규칙에 맞닥뜨리면 우리는 우리가 그것을 원하지 않음을 깨닫게 된다. 실로, 우리 중 어떤 이들은 너무도 약삭빠른 나머지 율법을 도구삼아 율법을 멀리한다. 그들은, 율법을 갈망하지 않고서도 그것에 순종할 수 있다고 생각하지만, 하나님은 그렇게 생각하지 않으신다. 칼뱅이 주목했듯이, 율법의 의도는 "우리에게서 모든 사악한 감정들과 모든 부패한 생각들을 깨끗이 씻어 내, 우리 안의 모든 것을 이끌어 우리 자신이 하나님께 완전히 굴복하도록 하는"것이다(십계명 설교, p. 225). 그러므로 "율법주의"는 의를 갈망하되 의가 하나님의 선물이며, 질서잡힌 욕망의 소산임을 부정하는 죄를 일컫는다. 아우구스티누스는 "인간은 자신이 흠모하는 사람을 닮는 법"이라고 말한 적이 있다. 하나님은 타의가 아닌 자의에 의해서 그분을 더욱 흠모하고 더욱 갈망하도록 우리에게 율법을 주셨다.

　욕망의 속성상 인간의 욕망은 끝이 없기 때문에 하나님이 이 계명을 주셨다고 토마스 아퀴나스는 주장했다(교리문답 교훈집, p. 11). 인간의 욕망이 무한한 것은 그것이 원래부터 하나님 안에서 안식─말하자면, 욕망의 완전한 원천이자 대상—을 찾도록 예정되어 있었기 때문이다. 인간의 욕망을 가리키는 전통적인 기독교 용어는 "현세에의 욕망"(concupiscence)인데, 이는 "육욕"을 의미하지 않는다. 무질서한 욕망이라는 의미로 사용되곤 했지만 현세에의 욕망이란 우리의 욕망의 강도를 일컫는다. 이 욕망은 우리가 하나님께 등을 돌렸을 때 우리가 하거나 하지 않는 모든 일을 왜곡한다. 그렇기에 마음이 청결한 사람만이 하나님을 볼 수 있는 것이다(마 5:8). 따라서 청결한 마음, 곧 하나님의 지음을 받은 선한 피조물로서 하나님을 온전히 사랑하고자 하는 욕망보다 더 큰 선물은 없다.

욕망은 전염성이 강하다. 욕망이란 하나같이 모방하려는 성질이 있기에 우리는 다른 사람의 욕망에 따라 무언가를 욕망한다. 다른 그 누군가가 이것 아니면 저것을 원하기에 나 역시 이것 아니면 저것을 원한다. 우리가 서로에게 욕망을 배운다는 말은, 설령 우리의 욕망으로 인해 서로 질투하는 갈등 관계에 놓이더라도, 우리가 서로 인정을 받기 위해 애를 쓴다는 뜻이다.

우리의 욕망이 본질적으로 무질서하다는 것, 우리가 서로 무질서를 가르친다는 사실은 폭력으로 이어진다. 탐욕과 시기라는 지극히 평범한 죄를 보다 뚜렷하게 관찰할 수 있는 곳은 바로 우리의 일상이다. 우리는 이웃이 소유하고 있는 것은 우리도 마땅히 소유할 자격이 있다고 생각하고, 이웃이 소유하고 있는 것을 우리가 소유하지 못하게 될 때 자존심이 상한다. 사회주의자들은 자본주의를 "합법화된 탐욕"으로, 자본주의자들은 사회주의를 "합법화된 질투"로 각각 일컫는데, 모두 일리가 있다. 우리 같은 사람들을 조직하려는 설계 위에 기초한 사회 체제는 제9계명과 제10계명에 제도적으로 저항하게 된다. 우리는 인생이란 제로섬 게임(zero-sum game)이라고 생각한다. 따라서 이웃이 갖고 있는 것을 우리도 가져야겠다고 생각한 나머지, 결코 충족될 수 없는 획득 과정을 끊임없이 되풀이한다. 자본주의가 부채질한 소비 습관은 이러한 악순환을 극명하게 보여주는 형태다. 우리는 "최신식" 상품을 손에 넣지 못하면 우리의 삶이 하찮은 것으로 전락하지나 않을까 조바심을 낸다. 하지만 최신식 제품을 구입해 집으로 채 가져가기도 전에 그것이 구식이 되고 만다는 사실을 우리는 이내 알게 된다. 컴퓨터의 향상 속도가 너무 빠르다보니, 최신 제품을 가지고 있는 사람은 컴퓨터라는 소름 끼치는 주인의 노예가 되고 만다.

우리의 필요가 무엇인지 종잡을 수 없게 된 이래로 우리는 욕구를 만들어 내는 세상에 살고 있다. 광고는 욕망을 창출한다. 텔레비전에서 광고하기 전까지는 우리에게 가슴앓이 약이 필요한 줄도 몰랐다. 가슴앓이가 고통이라는 사실조차 모르고 있었다. 현대 사회에서 어떤 이를 미치게 만드는 가장 확실한 방법은 "진짜 원하는 게 뭐죠?"라는 질문을 던지는 것이다. 우리는 무언가를 원하고 있으며, 지금 당장 그것을 원하고 있다는 사실을 알면서도 정작 우리가 원하는 것이 무엇인지는 모른다.

'죠스'(Jaws)라는 영화를 보면, "닥치는 대로 먹어치우는 기계"라는 별명이 붙은 거대한 상어가 사로잡혀 해양 실험실로 옮겨져 해부되는 장면이 나온다. 상어의 위(胃)를 가르자 물고기, 오래된 타이어, 뼈, 보트의 파편, 시계 등이 쏟아져 나온다.

바로 그 장면을 목격한 동료 목사가 말을 내뱉었다. "전부 내 회중들이구먼!"

우리는 바라는 것이 이루 헤아릴 수 없이 많고, 속이 너무 텅 비어 있고, 몹시 허기지며 또한 뭐든 탐하려 든다.

창세기를 보면 인간이 타락해 죄를 짓는 사건이 일어난다. 하나님은 아담이 죄를 지었기 때문에 노동은 고역, 곧 끊임없이 흙과 더불어 벌이는 단조로운 싸움이 될 것이라고 그에게 이르신다. 하와에게 하나님은 그녀가 남편을 "원하지"만 도리어 그가 하와를 다스릴 것이라고 이르신다. 출산은 고통스러운 일이 될 것이다. 하나님은 세상이 이 모양이 되리라고는 꿈에도 생각지 않으셨다. 그분이 남자와 여자를 지으셔서 아름다운 동산의 협력자가 되게 하셨다는 사실을 창세기가 분명히 보여주기 때문이다.

불행하게도, 인간의 무질서한 욕망(하나님이 우리에게 부족함 없이 채워 주셨음에도 더 많은 것을 욕심냈기 때문에 결국 금단의 열매를 따먹는 비극이 일어났다) 때문에 여자와 남자는 이제 서로 으르렁거리는 사이가 되었다. "생육하고 번성"하도록 성이라는 선물을 받은 인간은 도리어 성을 또 다른 무기로 변모시킨다. 친구가 되도록 지음받은 인간이 서로 적이 되고 경쟁자가 된다.

우리 욕망의 소산이라 할 수 있는 자녀가 소유물로 추가된다. 우리는 누군가를 다스리고 싶어한다. 자녀들은 자신들을 마음대로 다스리고 싶어하는 부모에게 끊임없이 찬물을 끼얹는다. 착한 성품을 지닌 자녀들은 자신들의 삶이 재산 목록의 일부가 아니라 하나님의 선물임을 깨닫는다. 때문에 그들은 저항하고 반발하는데, 우리는 그것을 트집잡아 자녀들을 멸시한다. 자녀들이 "기대에 어긋나지 않게"

행동하는 친구들을 우리가 부러워하면, 우리의 자녀들은 그들의 간절한 소원을 들어주지 못한 우리를 원망한다.

아동 학대와 배우자 학대는 그 뿌리가 같다. 가정폭력은 에덴에서의 타락 이후 가정생활이 어떤 것인지를, 결혼하고 자녀를 갖는 이유가 오로지 무질서한 욕망을 충족시키려는 데 있는 사람들의 의식구조가 어떤 것인지를 보여주는 징후다. 거듭 말하지만, 모든 계명들은 서로 연관되어 있다. 먼저 우리는 새 차를 사고 싶어하고, 그 다음, 새 차에 걸맞은 새로운 배우자를 물색해야 하고, 그 다음 우리가 바라던 대로 우리가 완벽한 부모라고 치켜세우는 자녀들이 필요하고, 그 다음, 아이들이 홀딱 반할 만큼 고분고분한 개가 필요하고, 그 다음……. 대다수 살인사건이 가정에서 일어나는 것을 진기한 현상이라 할 수 있을까? 탐심은 죽음을 낳는다. 모든 계명들은 서로 연결되어 있다.

물론 지금보다 더 나은 집, 더 나은 오디오, 더 나은 직업을 얻게 되면 지금보다 훨씬 더 많은 것을 얻을 수 있게 되지만, 그것이야말로 탐욕과 관련된 악의 가장 커다란 형태일 뿐이다. 미국의 공영방송인 PBS가 최근에 방영한 다큐멘터리에서는 우리의 질환을 "부자병"이라 이름 붙였지만, 탐욕을 무엇보다 좋아하는 우리는 이러한 신조어를 불편해 한다. 탐욕은 질환이 아니라 죄다. 문제는 우리가 이 세상을 살아가면서 탐욕을 "야망"이나 "가족을 부양하는 일"로 부르는 법을 터득했다는 사실이다. 우리는 탐욕을 "출세하는 것"으로 부르는 법을 터득했다. 우리는 탐욕을 "보다 나은 삶을 위해 노력하는 것"으로 부르는 법을 터득했다. 우리는 탐욕을 "쾌락"으로 부르는 법을 터득했다. 칼뱅이 살아 있다면, 우리는 더 이상 우리 자신을 바라보지 않기 위해 거울을 온통 새까맣게 칠했다고 말하리라.

    탐욕에 긍정적인 측면이 있다면 그것은 탐욕이 여느 죄와는 달리, 분명하게 눈에 띈다는 것이다. 탐욕의 결과는 공공연히 드러나 누구라도 볼 수 있다. 축적된 재물은 사람들의 눈에 확 띄는 경향이 있다. 우리가 축적한 재물을 사람들에게 자랑삼아 드러내지 않는다면 굳이 축적할 필요가 있을까? 탐욕과는 둘도 없이 가까운 사이인 질투는 탐욕에 비해 포착하기가 너무 어렵다. 질투는 "타인을 위한 봉사"—우리가 "어느 정도 선을 행하기" 위해 권력을 획득하는 수단—로 자신을 즐겨 치장한다. 우리가 직장이라는 사다리의 꼭대기에 오르는 것은 우리 자신을 위해서가 아니라 전 세계 모든 여성들의 지위 향상을 위한 것이요, 우리가 회사의 고문 변호사가 되는 것은 한 달에 몇 시간쯤은 무료로 봉사하기 위한 것이며, 우리가 이런 것 저런 것을 원하는 것은 단지 뭔가 좋은 일을 하기 위해서라고 말한다. 우리의 욕구가 문제의 뿌리다. 탐욕이 문제다. 우리가 원하는 것은 권력과 지위다. 예수님이 비유로 말씀하신 어리석은 부자처럼 우리는 우리 자신이 무가치한 존재라는 사실을 애써 외면하기 위해 우리 자신을 물질로 격리시킨다.

    탐심을 물리치라는 계명은 어쩌면 외관상 탐욕에 눈이 먼 사회—경제가 원활하게 돌아가게 하려면 탐욕이 필수 요소처럼 보이는 사회—에 살고 있는 우리를 향한 매우 준엄한 고발이다. 헌법에 따르면, 미국이라는 나라는 욕망의 상대적 가치를 평가하지 않으면서 자신이 원하는 것을 충족시키기 위해 존재한다. 무언가를 원하지 않는 것은 미국인답지 않은 태도라는 것이다.

우리 동료 가운데 울워스 백화점의 공동 창업자를 친구로 둔 할아버지가 있었다. 그의 할아버지는 행인들이 모두 구경할 수 있도록 상품들을 탁자 위와 유리 진열장에 진열하는 기발한 아이디어로 상품 광고를 획기적으로 개선해 백화점에 크게 기여했다. 전에는 사고 싶은 물건을 종업원에게 말하면 종업원이 창고에서 상품을 가져다 고객에게 보여주는 식으로 구매를 유도했는데, 그의 할아버지는 백화점 역사상 최초로 상품을 탁자 위에 전시해 행인들로 하여금 직접 구경하고 손으로 만져 보고 또한 살펴볼 수 있게 했다. 그 다음 이야기는 말 그대로 역사가 되었다. 그의 할아버지의 아이디어는 자신이 원하는 것에 어떤 이름을 붙여야할지 도무지 모르는 사람들에게는 안성맞춤이었다. 뭐든 우리에게 보여라, 그러면 그것에 대한 욕망을 창조하리니.

제9계명과 제10계명 그리고 그리스도인의 삶

오늘날 우리는 눈만 뜨면 탐심을 발동하라는 유혹에 끊임없이 시달린다. 앞서 살인 금지 계명에 대한 논의에서 살펴보았듯이, 탐욕을 부추기는 사회에서 우리의 의지로 계명에 충실하기란 여간 힘든 것이 아니다. 우리의 본능적 탐심과 현대 경제의 특징이라 할 수 있는 탐욕을 집요하게 부추기는 세력에 맞서려면 교회라는 공동체가 필요하다.

아이를 데리고 장난감 가게에 한번 가보라. 사고 싶은 게 뭐냐고 물을 필요가 없다. 코흘리개 시절부터 탐욕에 대한 훈련을 충실하게 받아 왔기 때문이다. 하지만 당신의 아이가 이 세상의 유혹에 대해 "아니오!"라고 말할 수 있기를 기대한다면, 자리를 박차고 일어나 "이 거면 됐어요!"라고 말할 수 있기를 기대한다면, 그 아이를 꼭 필요한 것을 적당하게 원하는 법을 터득한 사람들에게 끊임없이 훈련받도록 해야 한다. 거듭 말하지만, 우리는 그러한 사람들을 일컬어 "교회"라 한다.

우리는 교회가 평범한 그리스도인들로 하여금 계명에 충실하도록, 말하자면 꼭 필요한 것을 적당하게 원하도록 하는 일을 훌륭하게 수행해 낼 수 있다고 믿는다. 만일 우리 미국 그리스도인들이 십계명을 충실히 이행하는 삶을 살고자 한다면, 우리는 분석하고 분별하며 또한 저항할 수 있는 보다 나은 기술을 습득할 수 있을 것이다. 이 책의 공동저자인 윌리몬의 집회에서 만난 한 젊은 부부는 자신들의 교회 주일학교에서 '텔레비전과 그리스도인의 가치관'이라는, 우리 교파에서 제공한 강좌를 연구 프로그램으로 채택했다고 말했다. 그 강좌를 듣는 사람들에게는 텔레비전 광고 분석하기, 가족들의 텔레비전 시청 습관을 일지로 기록하기, 텔레비전 프로그램 이면에 숨겨진 메시지 분별하기 등과 같은 과제가 주어졌다. 그 강좌는 우리가 보기에 시간 낭비처럼 보였다.

우리의 무지를 비웃기라도 하듯 그 강좌는 개설한 지 두 달 만에 수강생이 두 배로 늘었다.

그 강좌를 수강한 젊은 부부들은, 텔레비전이 "바보 상자"일 뿐 아니라 "이데올로기 상자"이기도 하다는 사실을 간파했다. 텔레비전이 기독교 신학과는 판이한 이데올로기를 세뇌시키고 주입한다는 사실을, 그리고 텔레비전이 승자라는 사실을 말이다.

미래 교회는, 성도들을 무장시키고 그리스도인들이 저항하고, 교회와 교회의 교육목회야말로 죄를 치유하고 세속적 가치관에 도전하며, 그것에 대한 해독제 역할을 하는 수단의 기술을 가르치는 중차대한 과제를 떠맡게 될 것이다.

우리의 의지로는 무질서한 욕망에서 벗어날 길이 없다. 바울의 지적대로, 율법은 우리로 하여금 죄를 깨닫게 해주지만 그 자체로는 우리를 구원할 능력이 없다. 하나님의 선하신 뜻은 십자가와 부활에서 명확히 드러났으며, 이로 인해 가능케 된 사귐을 통해 구원 얻은 우리는 무질서한 우리의 욕망에 질서를 부여해야 한다. 그러한 사귐을 통해 우리는, 하나님과의 완벽한 사귐이 무엇을 필요로 하는 것인지 파악하고 그 사귐을 누리도록 격려받는다. 회심을 통해 육욕을 갈망으로 승화시킨 아우구스티누스는 그것을 이렇게 표현했다.

> 어느 누구도 실수나 아첨으로 칭송받지 않게 될 때 참된 영광이 나타날 것이다. 참된 영광이 고귀한 것에 돌아가지 않거나 하찮은 것에 돌아가는 일은 없을 것이다. 마찬가지로, 오로지 고귀한 존재만이 인정받는 곳에서 하찮은 존재가 고귀한 척 할 수는 없을 것이다. 자기 자신이나 다른 이들이 반대하지 않는 곳에서 참된 평화가 두루 퍼질 것이다. 하나님 바로 그분이 미덕에게 주어지는 보상(상급)이 될 것이다. 그분은 우리로 미덕을 베풀게 하시고, 이에 대한 가장 좋으면서도 가장 커다란 보상으로 자기 자신을 주시겠다고 약속하셨다. "나는 그들의 하나님이 되고 그들은 나의 백성이 되리라." "그리

하여 하나님이 만유 안에 만유의 주가 되실 것"이라는 바울 사도의 말은 바로 이런 의미다. 하나님 자신이야말로 우리가 갈망하는 목표가 될 것이다. 우리는 끊임없이 그분을 묵상하고, 늘 새롭게 사랑하며, 또한 지칠 줄 모르고 찬양할 것이다. 영생 그 자체와 마찬가지로 이러한 선물, 이러한 상태, 이러한 행위는, 단언컨대, 모든 사람들에게 차별 없이 나타날 것이다. (신국론, pp. 22-23)

성도의 교제란 제로섬 게임이 없는 공동체를 가리킨다. 도리어 각 사람의 은사가 합쳐져 온전한 공동체가 구성된다. 우리는 성령의 역사를 통해 우리 자신이 그러한 공동체의 지체가 되었다고 믿는다. 주일은 영원의 세계에 들어가기 위한 리허설이다. 그런 성도의 교제는 우리가 성찬식에서 그리스도의 살과 피를 함께 나눔으로써 이 세상을 향한 하나님의 선한 희생제물이 될 때, 가장 생생하게 드러난다. 그러한 희생을 통해 하나님은 우리의 무질서한 욕망에 종지부를 찍고자 서로를 희생시키는 악습에 철퇴를 가하신다.

존 던(John Donne)은 하나님이 우리를 찾아내시고 하나님의 사랑으로 맹공격을 퍼부으셔서, 우리로 황홀경에 빠지게 하시고 넋을 잃게 하실 때 일어나는 성만찬적 변화(eucharistic transformation)를 다음과 같은 불후의 시에서 노래한다.

내 가슴을 때리소서, 삼위일체 하나님.
지금도 당신은 두드리시고, 호흡을 불어넣으시고, 빛을 비추시고,
고칠 데를 찾으시지만,

내가 자리에서 일어나 설 수 있도록, 나를 뒤집어 엎으시고,

당신의 힘을 기울이셔서

깨뜨리고, 날려 보내고, 불에 태워 나를 새롭게 하십니다.

포위당한 마을처럼, 나는 또 다른 의무에 옴짝달싹 못해

당신을 모시려 애쓰지만 헛수고로 끝납니다.

이성, 내 안에 있는 당신의 총독은 나를 지켜야 하는데도

오히려 포로가 되어 연약하거나 거짓된 것으로 드러날 뿐입니다.

그럼에도 "나는 당신을 너무나 사랑하며"

기꺼이 사랑을 받으려 하지만,

나는 이미 당신의 적과 약혼한 사이입니다.

나를 이제 놓아 주소서, 그 매듭을 다시 풀거나 끊어 주소서.

나를 당신에게로 데려가 주소서, 나를 감옥에 가두소서.

나를 노예로 만들지 않으면 내가 자유로울 수 없고,

나를 황홀케 하지 않으면 내가 결코 순결해질 수 없기 때문입니다.[22]

주일예배에서 우리에게 가장 의미 있는 순간 중 하나는, 성찬식에 참여하기 위해 제단 앞으로 나온 우리에게 교회가 손을 내밀어 성찬을 받으라고 말할 때다. 제단 앞에서 손을 내밀 때 우리는 가진 것이 없고, 열린 마음으로 무엇이든 받아들이며, 굶주린 사람이 된다. 교회는 우리를, 꽉 부여잡고 움켜쥐었던 사람에서 은혜 가운데 받아들이는 사람으로 변모시킨다. 우리의 욕망은 높은 차원으로, 우리의 삶은 주린 자들에게 복을 주시겠다고 약속하신 하나님을 바라보게 된다.

성찬식에서 우리는 하나님이 우리를 버리지 않으셨음을 알게 되

기에 율법의 완전한 실체를 발견하게 된다. 성찬식에서 율법은 평안을 알지 못하는 세상에 평안을 만들어 주려는 존재 목적을 부여받는다. 우리의 굶주림은 이 세상 물질에 대한 갈망이라고 이름붙일 수 없다. 오히려 떡 한 조각을 떼고 포도주 한 모금을 마시면서 우리는 이만큼의 떡과 이만큼의 포도주를 축제라고 일컫는다. 그리스도인들이 이처럼 엄청난 축제─실로 가차 없으며, 예수님이 십자가에 달리시기까지 줄곧 우리를 찾으시는 하나님의 사랑을 배우게 되는 수단─를 통해 욕망의 질서를 바로 잡는 것은 더없이 중요한 일이 아닐 수 없다.

이같은 승리의 축제에서 우리는, 우리의 욕망에 이름 붙이는 법을 알기도 전에 마음의 소원이 주어진다. 성찬식에 참여할 때 우리는 떡 한 조각, 포도주 한 모금이 우리의 갈망을 충족시켰음을 기적적으로 알게 된다. 그때서야 비로소 우리는 시편기자들의 찬양이 단순한 과장이 아니었음을 깨닫게 될 것이다.

> 내가 주의 법을 어찌 그리 사랑하는지요.
> 내가 그것을 종일 작은 소리로 읊조리나이다.
> 주의 계명들이 항상 나와 함께 하므로
> 그것들이 나를 원수보다 지혜롭게 하나이다.
> 내가 주의 증거들을 늘 읊조리므로
> 나의 명철함이 나의 모든 스승보다 나으며……
> 주의 말씀의 맛이 내게 어찌 그리 단지요.
> 내 입에 꿀보다 더 다니이다(시 119:97-99, 103).

참고문헌

Aquinas, Thomas. *The Catechetical Instructions of St. Thomas Aquinas*. Rev. Joseph B. Collins 번역. New York: Joseph Wagner, 1939.

Augustine. *The City of God*. Henry Bettenson 번역. New York: Penguin Books, 1972. (「신국론」분도)

Barth, Karl. *Church Dogmatics*, 3/4. A. T. Mackay et al. 번역. Edinburgh: T&T Clark, 1961.

Calvin, John. *Institutes of the Christian Religion*. Ford Lewis Battles 번역. Philadelphia: The Westminster Press, 1960. (「기독교 강요」생명의 말씀사)

Calvin, John. *John Calvin's Sermons on the Ten Commandments*. Benjamin Farley 번역. Grand Rapids, Mich: Baker Book House, 1980. (「칼빈의 십계명 설교」성광)

Catechism of the Catholic Church, Liguori, Mo: Liguori Publication, 1994.

Heschel, Abraham Joshua. *The Sabbath*. New York: Farrar, Straus, and Giroux, 1951. (「안식」복 있는 사람)

Luther, Martin, *The Large Catechism*. Robert Fischer. Philadelphia: Fortress Press, 1959.

McCabe, Herbert. *What Ethics Is All About*. Washington: Corpus Books, 1969.

Wesley, John. *Explanatory Notes on the Old Testament*. Salem, Oh: Schmul Publishing, 1975.

주

1. Stanley Hauerwas and William Willimon, *Resident Aliens: Life in the Christian Colony*(Nashville: Abingdon Press, 1989) 및 *Where Resident Aliens Live*(Nashville: Abingdon Press, 1996).
2. Roger Brooks, *The Spirit of the Ten Commandments*(San Francisco: Harper and Row, 1990), p. 63.
3. Walter Brueggemann, *Theology of the Old Testament*(Minneapolis: Fortress Press, 1997), p. 182. (「구약신학」 기독교문서선교회)
4. Robert Jensen, *Systematic Theology*(New York: Oxford University Press, 1997), p.47.
5. *Theology of the Old Testament*, p. 293.
6. 같은 책, p.295.
7. *Systematic Theology*, p. 52.
8. *The Christian Century*, 1997년 12월 17일, p.185에서 인용.
9. Diana Eck, *Bozeman to Bararas*(Boston: Beacon Press, 1993).
10. 같은 책, p. 169.
11. Eck는 하나님이 이름을 갖고 계시며, 그 이름을 우리에게 일러 주셨다는 관념을 비웃는다. 그는 그런 신인동형론(anthropomorphism)이 도를 넘는 배타주의를 낳는다고 주장한다. 하나님의 이름이 삼위일체일지도 모른다는 생각을 그녀가 거부하는 것은 마치 하나님이 모든 이름 위에 뛰어난 이름을 온 천하에 알리기 위해 이스라엘을 택하셨는지도 모른다는 생각을 현대인들이 오만하게 거부하는 것과 그 맥을 같이 하는 것으로 보인다.
12. *Time*, 1998년 7월 6일자, p. 36에서 인용.

13. 같은 호, p. 38.
14. William Platcher, *Unapologetic Theology: A Christian in a Pluralistic Conversation* (Westminster/John Knox Press, 1989), p. 125.
15. *Leadership*, 1995년 가을 호, p. 21에서 인용.
16. Marva J. Dawn, *Reaching Out Without Dumbing Down* (Grand Rapids: William B. Eerdmans, 1995), p. 17.
17. Young urban professionals의 약자에 ie를 붙여 만든 말로, 고학력의 전문직을 가지고 도시에 살며 높은 소득을 올리는 젊은 엘리트들을 일컫는다.
18. '자녀 없이 생활 수준이 높은 계층'을 의미하는 'Double Income No Kids'의 약자.
19. Augustine, in *The Oxford Book of Prayer*, ed. George Appleton (Oxford, N.Y.: Oxford University Press, 1985), p.65. (「명기도문집」 시공사)
20. John Donne, in Carl Hermann Voss, *The Universal God: An Interface Anthology of Man's Eternal Search for God* (Cleveland and New York: Word Publishing Co., 1953).